美国国家地理全球史

中世纪欧洲

Medieval Europe

美国国家地理学会　编著　　黄莉荞　译

中国出版集团　现代出版社

目　录

概述 11

国王的回归 13
　　档案：拉文纳，西罗马帝国的伟大首都 42

群雄割据 55
　　档案：西哥特艺术 87

在两个时代之间 97

加洛林王朝 125

严酷的考验 153
　　档案：维京人，海上战狼 183

王国的辉煌 193

附录 225
　　千年的欧洲 226
　　时间对照表：欧洲、伊斯兰世界及其他文明 228
　　王朝列表 230

插图（第2页） 查理大帝的圣物箱半身像，制作于1350年前后（现藏亚琛大教堂）。

插图（第4—5页） 拉文纳圣维塔大教堂中殿的镶嵌画。

插图（左侧） 梅斯的一块象牙牌匾，上面刻画的是格列高利一世和三位抄书教士，制作于968年至980年（现藏维也纳艺术史博物馆）。

概 述

本书介绍了5世纪最后三十年到11世纪初这段时期的历史。欧洲文明在此期间形成。这一重大历史事件的发生伴随着世界的风云变幻：从西罗马帝国的覆灭到拜占庭帝国的巩固，以及萨珊波斯帝国的终结，其间经历了伊斯兰教诞生，以及横跨印度洋到中国海域的贸易网络的发展。然而，关于这段历史，不乏各种失实的说法和偏见，读者需要仔细辨别。在这段历史中，有一个因素至关重要，那就是迁入罗马帝国的其他民族——不能简单地用"蛮族入侵"的说法来概括这段史实。基督教也在构建经济、文化和政治的交流网络中起到了不可忽视的作用：教区变成了势力庞大的主教的行政辖区，而修道院则成了由德高望重的院长管理的古典文化保护中心。那时候基督教的信号通过颂歌和福音传道传递，如果无视这些"信号"，就很难理解当时的社会。许多民族融入欧洲文明，是从其皈依基督教开始的：他们奉基督教为正宗，将其教义作为道德规范。当时兵革互兴，这些冲突或源于不同的宗教信仰，或源于某些首领觊觎新地界权力的政治野心，这段历史错综复杂，今天的读者只能通过文献来了解其中的细节。这就是本书的主要目的。本书介绍了一系列历史事件，正是这些事件改变了世界，孕育了这个经济、社会、文化和政治的实体，其名为"欧洲"。

插图（第8—9页） 爱尔兰的克隆马克诺伊斯修道院的废墟。

插图（左侧） 《圣·埃德蒙的生命、受难与奇迹》（约1330年）的手稿插图，描绘了国王被丹麦的维京人俘虏的场景（现藏纽约摩根图书馆与博物馆）。

狄奥多里克陵

位于拉文纳城外,由狄奥多里克大帝建造(约520年),作为他未来的陵墓。这是东哥特人最著名的墓葬建筑。

下一页 骑在马背上的"蛮族"人的青铜雕像(现藏维也纳艺术史博物馆)。

国王的回归

西罗马帝国式微之际，经历了最混乱的时期。自从国家宣布撤退驻扎在特定地点的罗马军团之后，激烈的战争一触即发。当时士兵驻留原地，且不再需要对公共机构履行军事义务，他们为了反抗企图控制军团的当地权贵，发动了战争。

"蛮族"的国王是部落的政治首领。国王们将日耳曼各族的士兵集结成军队。这些士兵通常不属于自己的民族，大多数是被解放的奴隶。这些联盟军由"蛮族"国王带领，罗马人根据不同的"蛮族"国王来区分联盟军。生活在4世纪最后30年的历史学家阿米恩·马塞兰（Ammien Marcellin）指出，这些联盟军内部存在着很大的差异性，考古学家发现的殉葬品证明了这一点。

国王的权力受到国民大会的限制。一切纠纷都按照法典进行裁决，法典的每一项条例都经由大会内部讨论。但是，无论裁定结果如何，国王都可以以其"圣意"

驳回。长期以来,"蛮族"积极发展边境地带的贸易,尤其是在罗马边界。莱茵河和多瑙河等大河流域的地区,依靠来自匈牙利草原、乌克兰南部和中亚的商人带来的原料,成为真正的经济中心。

到了 370 年左右,一切都发生了变化。当时,牧马民族积极外迁,他们渡过第聂伯河,涌入高加索地区以及亚美尼亚的山谷中。罗马人称他们为"匈人"。阿兰人、东哥特人和西哥特人受到惊扰,向罗马帝国寻求庇护。这些民族开始以"联邦人民"(foederati)的身份迁入罗马帝国。

但是,罗马帝国并未根据当时的情况出台相应政策。当罗马人走错了第一步棋,后续的决策远远不足。东罗马地区政府甚至放弃了西罗马地区以求自保。短短几年,"蛮族"国王占领了罗马帝国。西罗马帝国就此陨落。

当时的学者陷入了深深的迷茫和忧郁,纷纷唉声叹气。他们宣称新的黑暗时代已经到来,传统学者的地位将不复往日。其中一位学者,即 6 世纪的教皇格列高利一世(Grégoire le Grand)写道:"城摧堡毁,满目疮痍。田间不见务农者,城市里空无一人。"这些哀叹,伴随着启示录艰深晦涩的解说,仿佛预示着末日即将来临。这些话语表达了对注定消失的文明的缅怀之情。惯以拉丁语为礼仪和布道用语的教会也开始担心:帝国新移民的多种方言流入,会让拉丁语最终被摒弃。西罗马帝国沦陷后的 120 年间,罗马帝国长期由军事将领出身的"蛮族"国王统治,他们坚定地推行自己的统治模式,以代替罗马的旧制度。欧洲历史的起源可以追溯到这个动荡的时期。

东哥特人:狄奥多里克和波爱修斯

在东哥特国王狄奥多里克(Théodoric)的宫廷里,"国王"既是君主,也是其领土的区域首领。卡西奥多罗斯(Cassiodore,约 485—约 580)的《编年史》(Chronique)中记载了这一点,约尔达内斯(Jordanès)撰写的《哥特史》(Histoire des Goths)也间接提及。5 世纪末,国王狄奥多里克积极调和生活在意大利北部地区的不同民族。在位期间,他是一位非常贤明的君主,这也是历史对他的评价，尽管他曾参与多起宫廷密谋，并且在谋划自己的王位继承中失手。德国12世纪的史诗将狄奥多里克化名为伯尔尼的迪特里希（Dietrich von Bern）或维罗纳的狄特里希（Dietrich de Vérone），歌颂他的丰功伟绩，使其声名流传至今。这些史诗致敬了狄奥多里克的个人和政治事迹。他被当作那个时代最睿智、最伟大的"蛮族"国王。不过，狄奥多里克堕落的私生活给他的辉煌人生添了污点。也因为这些放荡的逸事，狄奥多里克在历史学家的笔下呈现出多重性格，历史学家对其统治也褒贬不一。

488年，拜占庭皇帝芝诺（Zénon）任命狄奥多里克为"大元帅"（magister militum），并授权他接任奥多亚塞（Odoacre）为东罗马"帝国代表"。此时，狄奥多里克意识到意大利将是他逆天改命的地方，便毫不犹豫地向敌人发起了攻势。在维罗纳战役（489年）和阿达战役（490年）中，他最终以惨重的代价获胜——损失了整整1/3的兵力。最终，他成功占领了拉文纳城。

他以这座重要的城市为首都建立统治。他还在这里为自己和女儿，克洛维（Clovis）的侄女阿玛拉逊莎（Amalasonte），建造了一座陵墓。

得益于拜占庭皇帝芝诺授予的"帝国代表"的头衔，狄奥多里克在大部分战役中都取得了胜利。尽管东哥特国王狄奥多里克是一位虔诚的阿里乌教徒，但在攻打敌人的过程中，他得到了意大利主教的鼎力相助。狄奥多里克战胜了多场战役，赢得了西罗马帝国执政官的光荣头衔。

狄奥多里克从494年开始其长达31年的统治。他统治着两个截然不同的民族：一个是人数较少的东哥特民族，他们拥有自己的法院和军团；另一个则是人数较多的罗马民族，他们沿用罗马法，除了涉及东哥特人的特殊案件必须由出身皇族的法官进行审判。

在当时，只有罗马人能继续担任民政和行省官员。这些人出身名门望族，凭着广博的法律学识和行政学识当选官员，他们维护了公共财物的安全，并将拉丁文化发扬光大。作家和政治家、维瓦里乌姆修道院的创始人卡西奥多罗斯，以及哲学家波爱修斯（Boèce，470—524），便是其中的代表人物。

国王的回归

东哥特王国历代国王

496—526年在位

狄奥多里克大帝 东哥特和罗马的国王，统治了整整30年。

526—534年在位

阿塔拉里克 狄奥多里克大帝的孙子，统治期间其母亲阿玛拉逊莎摄政。

534—536年在位

狄奥达哈德 他与狄奥多里克的女儿阿玛拉逊莎结盟，之后将她谋杀，引发了拜占庭入侵。

536—540年在位

维蒂吉斯 他刺杀了狄奥达哈德，被任命为拜占庭战争期间的国王。

540—541年在位

伊狄巴德 取代维蒂吉斯，在位一年，之后被拜占庭将军贝利撒留（Bélisaire）俘虏。

541年在位

艾拉里克 仅仅统治了5个月，之后也许因为与拜占庭缔结条约而被杀害。

541—552年在位

托提拉 他发起对拜占庭军队的进攻，但被打败。他在塔吉那会战中丧命。

552—553年在位

德亚 他是意大利东哥特最后一任国王，死于拉克塔里山战役。

凯撒利亚的普罗科匹厄斯眼中的狄奥多里克

狄奥多里克国王想要在他所居住的拉文纳按照君士坦丁堡的帝国风格建造一座宫殿。他在新圣阿波利奈尔（Saint Apollinaire-le-Neuf）附近建了一座金碧辉煌的宫殿，招收了来自世界各地的文化艺术大师。这座宫殿今天已不复存在。

狄奥多里克大帝声名远扬。过了整整一代，6世纪的拜占庭历史学家凯撒利亚的普罗科匹厄斯（Procope de Césarée）本无意称颂"蛮族"的国王，但他在《战争史》（Histoire des guerres）的第五卷中仍这样写道："狄奥多里克为人公平正直，才智过人，又有英雄气概。尽管他篡夺了王位，但他没有哪里比不上史上最伟大的君王。哥特人和罗马人都很敬重他。直到他去世时，他不仅是一个令敌人闻风丧胆的对手，也是一位令臣民痛惜缅怀的君主。"新圣阿波利奈尔大教堂的镶嵌画上刻画了这位国王的伟大事迹。右页图为描绘狄奥多里克的宫殿的镶嵌画（制作于6世纪）。

518年，查士丁尼一世（Justin le Grand）成为拜占庭帝国的皇帝，狄奥多里克国王的统治随之开始衰落。阿里乌教徒在君士坦丁堡受到迫害之后，东哥特人开始对他们居住的拉文纳城的一些基督徒产生怀疑，其中就包括贵族阿尔比努斯（Albinus）。他被东哥特人指控犯有叛国罪。波爱修斯冲动地站出来为他辩护："如果被告有罪，那么他也有罪，整个元老院也有罪。"他这番控诉立即使他卷

入牢狱之灾。他在狱中写下中世纪最著名和最有影响力的著作之一《论哲学的慰藉》(*De consolatione philosophiae*)。经过快速的审判,他于524年10月23日被判处最严酷的死刑:刽子手用绳子紧勒其脖子,直到他的眼球从眼窝中掉出来。几个月后,他的岳父叙马库斯(Symmaque)也被处以相同的酷刑。历史学家凯撒利亚的普罗科匹厄斯说,他为东哥特国王的恶行悲叹,但其行为也许

国王的回归

更偏向政治性质，而非其本意。

在这个政治危机的关口，教皇约翰一世（Jean Ier）决定出面介入，前往君士坦丁堡与拜占庭皇帝会晤。他返回拉文纳后，试图说服狄奥多里克：拜占庭皇帝愿意与他联盟。最终，他游说失败，被俘入狱，很快惨死。所有人都把目光转向了狄奥多里克。他决定向当时被视为异教徒的阿勒曼尼人开战，以解决问题。但是，他未能如愿实现计划：他于526年8月死于痢疾，身后留下许多评说。狄奥多里克将王位留给了孙子阿塔拉里克（Athalaric），由他那个受过良好古典文化教育的女儿阿玛拉逊莎摄政。年轻的阿玛拉逊莎并非从此一帆风顺。在她摄政期间，拜占庭帝国新皇帝查士丁尼决定将拉文纳建为帝国的新都。

阿基坦的西哥特人

尤里克（Euric，466—484年在位）国王强化了对高卢南部的西哥特人的统治。他击溃了以阿维图斯（Avitus）皇帝之子，罗马高卢贵族伊克笛修斯（Ecdicius）为首的抵抗势力，并与尼波斯（Nepos）皇帝签订了和平条约。自此，尤里克国王将卢瓦河、罗纳河和地中海纳入他伟大王国的版图。他是一位具有雄才伟略的君主，也是一个虔诚的阿里乌教徒。尤里克国王非常抵触天主教的教义和拜占庭帝国的统治。为此，他拒绝以任何形式服从拜占庭皇帝，即使只是名义上的。尤里克国王颁布了一部规定哥特人与罗马人的关系的法典——《尤里克

妇女的头像

这是阿玛拉逊莎统治期间拉文纳的典型妇女发型（现藏罗马文明博物馆）。阿玛拉逊莎是6世纪狄奥多里克大帝的女儿，优雅而有教养。

法典》(Code d'Euric)，以此挑衅拜占庭皇帝。这部法典加强了两个民族的分化：两族通婚被视为非法，对两个民族实行不同的法律。自从他抵达阿基坦以来，两族的民族和宗教问题就一直存在，这似乎是实现两族共存的最佳解决方案。

416年至418年，西哥特人与帝国签署了协议，罗马帝国允许西哥特人以"联邦人民"即联盟者的身份，定居于肥沃的加龙河谷地区，这片土地比巴尔干的其他地区都富裕得多。西哥特国王受罗马政府承认，即使罗马人无须西哥特国王缴纳黄金，西哥特国王也没有任命帝国行政高级官员的权力。西哥特国王的权力十分有限，等同于被贬黜到一个虽繁荣却远离帝国权力中心的地方。而作为回报，西哥特国王必须为罗马帝国战斗。比如，451年，西哥特人响应埃提乌斯（Aetius）的号召，在今天的兰斯和特鲁瓦市，参与卡塔隆平原战役（或沙隆战役），抗击匈人。这个协议结束了西哥特人自被游牧民族从黑海北部驱赶之后颠沛流离的生活。经过多年的流浪，西哥特人终于找到了安身之处，他们在这里建造了一个以图卢兹为首都的新王国。

而尤里克国王还想要更多，他选择了占领塔拉戈纳省。作家兼主教马克西姆（Maxime）在他的著作《凯撒奥古斯塔编年史》（即《萨拉戈萨编年史》，La Chronique de Saragosse）中简洁地记载道，494年，"哥特人进入了西班牙"。哥特人的这场领土扩张夺回了他们与法兰克人和勃艮第人对战时失去的土地，包括北部边界的卢瓦尔河畔和西部的罗纳河畔。尤里克国王于484年去世，将王位传给了他的独子阿拉里克二世（Alaric II）。

从统治伊始，阿拉里克二世就意识到，面对强力的邻居法兰克人和勃艮第人，必须实行铁腕政策。为此，他向他的罗马"臣民"颁布了一部名为"阿拉里克的日经课"（Bréviaire d'Alaric）的法典，争取民众在战争中的支持。他想得没错。开始的几起冲突事件在图尔和桑特市爆发，但最严重的要数498年占领波尔多以及监禁西哥特公爵苏特里乌斯（Suatrius）事件。在东哥特国王狄奥多里克的调解下，502年，双方停战。然而，战争不可避免，只不过是推迟了。几个月后，西哥特人在卢瓦尔河另一侧与法兰克人开战。历史之轮永不停息。

■ 国王的回归

沙隆战役的前因后果

451年，由著名的阿提拉（Attila）国王率领的匈奴军队在香槟沙隆（Châlons-en-Champagne）不远处与罗马军团交战。罗马军团由埃提乌斯指挥，并得到西哥特人、阿兰人、撒利克法兰克人甚至勃艮第人的支援。

这场战斗被称为"卡塔隆平原战役"或"莫里亚库斯战役"，发生在莫里亚库斯附近。在那里，埃提乌斯和他的盟友驻守在高地上，以击退凶悍的匈奴骑兵的进攻。军队的左翼是罗马人，右翼是西哥特人，狄奥多里克排头阵。这次战役不是终极决战，因为次年，阿提拉又率军攻入意大利北部西哥特人在阿基坦大区的驻军地点。这次战役是罗马军队面对"蛮族"的强力进攻取得的最后几场胜利之一。这些民族的武器十分罕见，一枚7世纪的伦巴第金器是其中的代表。插图：本页背面是阿吉卢尔夫（Agilulf）的金色铜盔甲，为纪念这位国王加冕所制，盔甲上刻画的战士和将领与参与香槟沙隆战役的士兵非常相似（现藏佛罗伦萨巴杰罗美术馆）。

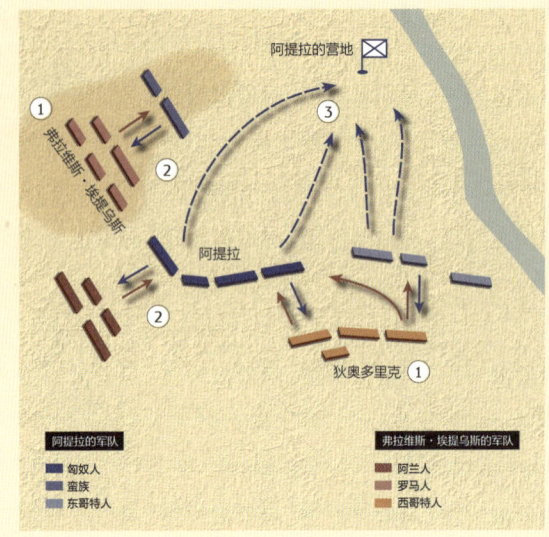

① **部署** 埃提乌斯将罗马军队部署在左翼，驻守在高地上，并将西哥特人部署在右翼，而阿兰人则在两者之间。

② **攻击** 阿提拉向阿兰人进攻，而他另一支部队则迎战埃提乌斯的罗马军队。

③ **战败** 阿提拉了解西哥特人的危险，因为埃提乌斯可以从背面攻击他，所以他折回了军营。

法兰克王国的确立

507年，一群名为"法兰克人"（意为"自由的人"）的日耳曼民族联盟军占领了罗马高卢的许多地区，并在普瓦捷附近的武耶[1]战役中获得大捷，战胜了阿拉里克二世率领的西哥特军队。帝国迅速派代表前来，向法兰克人首领，也就是克洛维（Clovis）[相当于现在的"路易"（Louis）]，表示祝贺。

克洛维的祖先名为梅洛维（Mérovée）。这个历史学家眼中

---

[1] 武耶（Vouillé），法国普瓦图—夏朗德大区维埃纳省的一个市镇。——译者注

① **皇家密使** 他手持十字架走向宝座，这象征着伦巴第国王和人民在格列高利一世教皇的指引下皈依天主教。

② **天使** 他站在王位室里的入口处，在拿着十字架的密使旁边，而新国王则在里面等候加冕和入教仪式。

③ **阿吉卢尔夫** 这位国王于591年加冕，他坐在宝座上等待，身旁有两名配有伦巴第式盾牌和长矛的士兵。

④ **皇后** 泰奥琳德（Théodelinde）是巴伐利亚的加里巴尔一世（Garibald Ier）的女儿，也是阿吉卢尔夫的妻子。她制造了一顶新冠，是铁制的，用基督十字架上的钉子锻造而成。

⑤ **密使** 他手持一顶铁制的王冠，将它戴在国王的头上，这为国王的上任赋予了神圣的特质，就像罗马皇帝一样。

的传奇人物，大概在 457 年去世。有神话说他是海神的孩子："墨洛温"（mérovingien）[2]的名字由此而来。希尔德里克一世（Childéric Ier）继承了梅洛维的王位，并在康布雷[3]北部建立政权。1653 年 5 月，他的陵墓在比利时图尔奈[4]的圣布里斯教堂以北被发现，工人挖掘出了一堆珍贵的金银珠宝，包括一枚刻着他的名字"希尔德里克国王"（Childeric regis）的戒指。

[2] "墨洛温"（mérovingien）来源于中世纪拉丁语，意思是"梅洛维的儿子"。——译者注
[3] 康布雷（Cambrai），位于法国斯海尔德河畔。——译者注
[4] 图尔奈（Tournai），比利时埃诺省的下辖区。——译者注

国王的回归

墨洛温王朝国王

447—457年在位

梅洛维 法兰克国王，墨洛温王朝（mérovingienne）的名字就来自他。

457—482年在位

希尔德里克一世 梅洛维的儿子，取得了许多重大军事胜利。

482—511年在位

克洛维一世 皈依天主教，并扩张了国土。

511—561年在位

克洛泰尔一世 所有法兰克人的国王，收服了许多领土。

561—584年在位

希尔佩里克一世 克洛泰尔一世的儿子，继承了纽斯特里亚王国。

584—629年在位

克洛泰尔二世 上一任国王的儿子，他是所有法兰克人的国王，也是纽斯特里亚王国和巴黎王国的国王。

629—639年在位

达戈贝尔特一世 法兰克国王，他与拜占庭签订了和平协议。

639—657年在位

克洛维二世 他是所有法兰克人的国王，也是纽斯特里亚王国和勃艮第王国的国王。

657—673年在位

克洛泰尔三世 他是所有法兰克人的国王，也是奥斯特拉西亚王国、纽斯特里亚王国和勃艮第王国的国王。

673—691年在位

提乌德里克三世 他是法兰克国王，被赫斯塔尔的丕平（Pépin de Herstal）剥夺王位。

在挖掘中，工人还发现了一些黄金做的蜜蜂。多年以后，1804年12月2日，拿破仑一世在法兰西国王加冕仪式上穿的外套上，便缝着这些金蜜蜂。这个令人叹为观止的宝藏显示出，希尔德里克是一位大军阀，通过掠夺积累了大量财富。

希尔德里克一世取得的军事胜利为儿子克洛维铺平了道路。482年，克洛维继位。他的个人经历充满传奇色彩，几个世纪以来，他被视为推动罗马高卢向中世纪法国转变的

国王——这不无道理。克洛维的统治以一场具有重要象征意义的军事胜利为开端：他击败了高卢北部的罗马总督斯雅戈里乌斯（Syagrius），随后成功占领巴黎。接着，克洛维发动了对南部的战争。3 年之后，他收服了卢瓦尔河以北至布列塔尼和勃艮第边界的所有城市。

这次收服行动，使当时分裂为几个独立王国的高卢的政治版图被大大简化。克洛维成功建立了一个拥有行政机制的强大王国，这是自

克洛维的洗礼

这个洗礼的场景被刻画在名为"圣油瓶"（Sainte Ampoule）的圣物箱上，是 1825 年为法国查理十世（Charles X）国王加冕而制造的（现藏兰斯的塔乌宫）。

希尔德里克一世的指环

刻有法兰克国王希尔德里克一世名字的戒指（现藏牛津阿什莫林博物馆）。

罗马帝国消失后就没有出现过的。此外,这位法兰克国王无须再通过没收土地来安置法兰克的移民以奖励他们不断取得的胜利,因为无人居住的领地太多了。

493年,克洛维说服了天主教的主教同意他与天主教的公主克洛蒂尔德(Clothilde)的婚姻。克洛蒂尔德是勃艮第国王希尔佩里克二世(Chilpéric II)的女儿,她带来了珍贵的嫁妆。她的父亲被叔父贡德波(Gondebaud)谋杀,成了克洛维期待已久的意外收获:这位法兰克国王借口为岳父报仇,马上发起了对勃艮第人的战争。克洛蒂尔德还对丈夫的思想教化产生了巨大影响。她说服了克洛维信仰她的宗教——天主教。6世纪,法兰克伟大的历史学家、主教图尔的圣额我略(Grégoire de Tours),在他的著作中详尽地讲述了克洛维皈依天主教的具体过程:他改宗是源于一件微不足道的小事。496年,法兰克国王发起了对侵犯法兰克边界的阿勒曼尼人的战争。战役地点在莱茵河与默兹河之间,位于托比亚克(Tolbiac,今天的曲尔皮希[5])附近。图尔的圣额我略主教在他的纪事中记载,战役期间,克洛维向基督教上帝祈祷:"耶稣基督,克洛蒂尔德将你奉为活着的上帝之子,据说,你会赐胜利给那些信仰你的人。如果你能让我战胜敌人,那我将信你。我将以你的名义受洗。因为我召唤了我的众神,而他们不予我佑护。"最终,克洛维战胜了阿勒曼尼人,他不得不信守诺言。496年圣诞节,克洛维受洗。自此,他也得到了主教的支持和天主教徒的拥戴。他受洗后,开始筹备征占卢瓦尔河以南的领地,向西哥特国王阿拉里克二世开战。他击溃了敌人,被阿那斯塔斯(Anastase)大帝授予"荣耀执政官"的罗马官衔,作为胜利者进入了图尔城。随后,他进入巴黎,在此建都。这是他的王国的自然中心,也是塞纳河畔繁荣地带的中心。自此,克洛维便致力巩固法兰克王国。

511年,克洛维去世后,根据法兰克的传统,他的四个儿子合议将王国分为四个均等的小国。他们分别选择了四个主教所在地,作为其领土的首都:提乌德里克一世(Thierry Ier)分得兰斯,克罗多米尔(Clodomir)分得奥尔良,希尔德贝尔特一世(Childebert Ier)分得巴黎,克洛泰尔一世(Clotaire Ier)分得苏瓦松。接下来的故事无非是宫廷阴谋、谋杀和家族纷争。最终,克洛泰尔一世成了法兰克唯

---

[5] 曲尔皮希(Zülpich),位于德国北莱茵—威斯特法伦州东部的一座城市。——译者注

拉德贡德和克洛泰尔

拉德贡德坐在克洛泰尔的桌旁。此彩绘图摘自 11 世纪描写圣·拉德贡德的生平的手稿（现藏普瓦捷市政图书馆）。

一的国王。他沿袭父亲的政策，发动了无数次军事征服来扩张领土。其中最具决定性的战役，是对抗生活在今天德国中部的图林根人。

正是在这次战役中，图林根国王贝尔泰（Berthaire）的女儿拉德贡德（Radegonde）被俘虏。她被带到苏瓦松王宫，直到 540 年，国王爱上了她的美貌，将她娶为妻子。

这段婚姻一点也不幸福。克洛泰尔一世是个专横霸道的丈夫，虐待妻子。拉德贡德在痛苦中走近维恩斯·福图纳特（Venance Fortunat），他是一名神职人员，他的著作是了解这一历史时期的珍贵史料。多亏了他，我们知道了克洛泰尔一世和拉德贡德在位期间，法兰克王国以卢瓦河为界分为两个区域。卢瓦河以南的地主家庭，保留了土地以及一部分古老的传统文化和价值观。他们一般说拉丁语，崇尚古

墨洛温王朝的珍宝

5 世纪至 8 世纪墨洛温王朝的金银制品是当时的艺术特色之一。1653 年，在图尔奈城发现的希尔德里克国王陵墓中，发掘出了一系列殉葬品，包含各种珍稀的宝物。金件上饰满使用嵌金属花纹丝技术镶嵌的石榴石，是当时艺术风格的代表。这堆珍宝现存巴黎国家图书馆的金属柜里。插图：金器的还原图。

阿恩贡德皇后的珠宝

这条环状饰品是墨洛温国王克洛泰尔一世的妻子阿恩贡德（Arégonde）的殉葬品。这个银质饰品上镶有金、石榴石和玻璃珠，是 1959 年在巴黎附近的圣丹尼大教堂的女王石棺中发现的珠宝中的一件。阿恩贡德皇后的宝藏现存圣日耳曼昂莱国家考古博物馆。

① **剑鞘** 上面的环形装饰嵌有铝铁榴石——石榴石家族中一种珍贵的石头。

② **胸针** 饰有采用流行的镶嵌技术镶嵌的石榴石的金饰。

③ **手链** 由黄金制成，建立了国王与边界另一侧的军事将领之间的联系。

④ **剑** 剑柄由黄金制成，嵌有与剑鞘和环形装饰一样的石榴石。

⑤ **硬币** 罗马金币，表明与帝国存在往来。

典文化。这里的经济发生了重大的变化，比如地中海第一个贸易中心阿尔勒[6]经济衰退，取而代之的是马赛。而在卢瓦河以北，情况又不同。这里的城市没有行政机构，社会分为三类：自由人、终身解放者和奴隶。罗马世界不存在第二类人。有线索暗示，罗马贵族逐渐被军事贵族取代。正是在这个时期形成了未来墨洛温法兰克王国的政治框架。克洛泰尔一世去世后，王国被分为三部分，这场分裂从某种程度上代表了法兰克世界最终的格局：西吉贝尔特一世（Sigebert Ier）统治梅斯和兰斯，也称为"奥斯特拉西亚王国"，或称"东方王国"；希尔佩里克（Chilpéric）继承苏瓦松地区，称为"纽斯特里亚王国"，意指"东北部的王国"；贡特拉姆（Gontran）继承勃艮第王国。墨洛温王朝的历史才刚刚开始。

布列塔尼[7]省

540年，一位名叫吉尔达斯（Gildas）的修道士记录了撒克逊人抵达他的国家时的情形。他将这次事件和撒克逊人的进犯，描述为大不列颠（Grande-Bretagne）的重要历史事件。他书册的标题"布列塔尼的占领和沦陷"（*De excidio et conquestu Britanniae*），清楚表明他认为日耳曼人的到来对他的国家是不利的。这个修道士认为，正是因为撒克逊人，罗马布列塔尼才会转变为盎格鲁—撒克逊英格兰。这本书立场分明，描述了布列塔尼人面对撒克逊人的敌对态度。在书中，撒克逊人最终取得的胜利是残忍的，而布列塔尼人的抵抗则是英勇的。今天，考古学家和历史学家对这个说法非常怀疑，尤其质疑撒克逊人进犯大不列颠之后进行的种族清洗。

《英格兰教会历史》（*L'Historia ecclesiastica gentis Anglorum*）的作者是可敬者圣比德（Bède le Vénérable，673—735），书中认为撒克逊人迁徙的高峰期发生在5世纪中叶，也就是布列塔尼人向时任罗马执政官的埃提乌斯求助的时期。今天，历史学家认为，撒克逊人对外征讨的高峰期更可能发生在5世纪末，更确切地说，是477年至491年。现代考古学认为，许多布列塔尼的军事防御城

---

[6] 阿尔勒（Arles），法国南部罗纳河口省的一个市镇。——译者注
[7] 布列塔尼，拉丁文 Britannia，早期拼写为 Brittannia。——译者注

市奥必达[8]，比如安得里同（Anderitum，今天的佩文西[9]），都在这段短暂的时间内建成。

在战斗中，布列塔尼人推选出一位出身罗马执政阶级的领袖，名叫安布罗西乌斯·奥雷利亚努斯（Ambrosius Aurelianus），他的后裔就是传说中的阿托里乌斯（Artorius），素有"亚瑟王"（Roi Arthur）之称。安布罗西乌斯·奥雷利亚努斯常出现在传奇故事中，他在吉尔达斯笔下，被塑造成5世纪巴顿山战役中的英雄。在这场战役中，布列塔尼人战胜了撒克逊人。

5世纪末，日耳曼人抵达布列塔尼海岸。他们由三个结盟的部落分支组成，所使用的语言极为相似：盎格鲁人，来自如今德国的石勒苏益格—荷尔斯泰因，这里有一个叫作"盎格恩"（Angeln）的地方，至今保留了盎格鲁人的名称；撒克逊人，来自易北河和威悉河流经的下萨克森；最后是朱特人，曾居住在日德兰半岛。这三支部落的扩张，零散而没有长期目标，其中只有盎格鲁人经常和其他国家或民族结盟。这三支部落在泰晤士湾、沃什湾和亨伯河湾开展进攻。他们抵达之后，发生了许多传奇故事。当时的布列塔尼学者经常抱怨说，总有一天，布列塔尼省会被撒克逊人完全统治。持续的移民潮促进了当时少数的新移民和多数的土著之间的文化迁移。这个同化现象的发展进程鲜为人知，考古学家和历史学家正在继续研究。随着罗马式乡村土地体系的崩溃，日耳曼特色的土地所有制度逐渐出现。这个时期的古墓中发现的武器和衣饰也印证了这场文化融合。

汪达尔王国的制海权

530年，盖利默（Gélimer，530—534年在位）发动政变，登上了迦太基的王位。他将成为汪达尔王国的最后一任国王。王朝覆灭之后，盖利默被迫流亡，也许只有这个时候，他才有机会反思：他是如何一步步地让"汪达尔王国"变成"毁灭和混乱"的代名词的。

一个世纪以前，汪达尔人已经越过直布罗陀海峡占领了毛里塔尼亚。这场征服

---

[8] 奥必达（oppida），指古罗马时期的堡垒城镇。——译者注
[9] 佩文西（Pevensey），英格兰东南区域东萨塞克斯郡伊斯特本市附近的一个村和民政教区。——（译者注

基督教丧葬镶嵌画

突尼斯巴尔杜博物馆保存着几幅罗马早期基督教艺术的镶嵌画，如图。这些画反映了汪达尔王国统治下严重的宗教问题——效忠于罗马的基督教、天主教，以及多纳图派的基督教徒的相互斗争。多纳图派，取名自迦太基大主教多纳图（Donat le Grand），在当时被视为异端教派。多纳图主张的戒律过于严苛，且与宽容相违背，故他被当作"异端分子"。

把汪达尔人长期的迁徙推到最高潮。在迁徙中，汪达尔人从匈牙利大平原来到伊比利亚半岛南部，406 年的圣西尔韦斯特夜[10]，他们穿越了莱茵河。他们的统帅是国王盖萨里克（Genséric，428—477 年在位）。迁徙的路途漫长，路上还受到罗马军队的频频骚扰，汪达尔士兵承受了沉重的精神压力，直到他们终于抵达终点，成了罗马最富有的北非行省的新贵。尽管汪达尔人的文化发展到了相当的水平，他们依然保留自由散漫的生活习惯，如果以严苛的道德标准来衡量的话，按照基督教历史学家马赛的萨尔维恩（Satvien de Marseille）的说法，这些陋习使汪达尔人成了"肮脏的聚集地"（de sentina vitiorum）。

429 年，盖萨里克国王登陆努米底亚省，迅速进军，迫使罗马将军求和。尽管罗马人向盖萨里克示好，但圣奥古斯丁（Saint Augustin）命令名将卜尼法斯（Boniface）保卫希坡[11]。最终，卜尼法斯在希坡不敌盖萨里克，遭受重挫。迫于盖

---

[10] 圣西尔韦斯特夜（la nuit de la Saint-Sylvestre），每年的 12 月 31 日，相当于除夕夜。——译者注
[11] 希坡（Hippone），即希坡勒吉斯（Hippo Regius），今阿尔及利亚安纳巴省内。——译者注

汪达尔王国的没落和灭亡

汪达尔王国，首都位于迦太基，其历史发展伴随着天主教、阿里乌派和多纳图派等教派的宗教冲突。

477 年，盖萨里克去世之后，汪达尔人不再执着于战争，转而沉迷于罗马贵族式的闲适生活，尽管他们在饮食上依然保留"蛮族"的口味。6 月，带着君士坦丁堡主教的赐福，533500 艘运输军船和 92 艘军舰奉查士丁尼一世（Justinien）的命令出征，攻占迦太基海域。贝利撒留参谋部的普罗科匹厄斯生前写下了《汪达尔战争》(Guerre Vandal)，这场战争拉开了汪达尔王国覆灭的序幕。贝利撒留只带了 5000 名步兵登陆迦太基，便横扫汪达尔防卫军，将他们打得措手不及。几天之后，汪达尔王国便消失了。后来，一群柏柏尔人从山区发起对神圣罗马帝国士兵的攻击。最后，拜占庭人占领了整个北非，直到阿拉伯人到来。插图：右图，斯力克（silique），刻着盖萨里克肖像的银质硬币。

萨里克的进攻，罗马人在 435 年与盖萨里克签署了一项条约，汪达尔人从此成为帝国的联邦、罗马的朋友。盖萨里克占领了迦太基和其他重兵把守的城市，控制了罗马舰队，在地中海西部建立了制海权。汪达尔人还占领了西西里岛、撒丁岛、科西嘉岛和巴利阿里群岛。

汪达尔人抵达迦太基的时候，只组建了一支游牧民族军队，士兵除了都信奉阿里乌教派，几乎没有什么共同之处，然而这支军队足以迅速攻打土著人，尤其是内陆的柏柏尔人。之后，多纳图派教徒和天主教教徒之间发生了宗教冲突，转移了盖萨里克的继任者的目标。胡内里克（Hunéric，477—484 年在位）是一位嗜血好战的暴君，实施暴政统治。尤其是对他的家族和天主教徒，他迫害他们，逼迫他们缴纳高额的罚金。他的侄子古萨蒙德

（Gunthamund，484—496 年在位）对天主教徒采取怀柔政策，但没有成效。他的兄弟色雷萨蒙德（Thrasamund，496—523 年在位）为平息柏柏尔人的叛乱，发动了一场惨烈的战争。尽管岳父东哥特人提乌迪米尔（Thiudimir）——色雷萨蒙德娶了国王提乌迪米尔的妹妹阿玛拉弗丽达（Amalafrida）——给予了支援，但最终，色雷萨蒙德战败了，失去了毛里塔尼亚和努米底亚。

色雷萨蒙德的继任者是希尔德里克（Hildéric，523—530 年在位），他是胡内里克与拜占庭公主尤多西（Eudoxie）所生的不幸的孩子。这位新国王撕毁了与东哥特人的盟约，囚禁了阿玛拉弗丽达，试图通过其母与拜占庭帝国结好。他一再变节，激怒了臣民，最后被废黜。他的堂兄弟盖利默继位。

查士丁尼一世以讨伐帝国公主之子的反对者为借口，下令舰

31

队全副武装，驶向汪达尔王国海岸。贝利撒留率领 10000 名步兵和 6000 名铁甲骑兵，协同增援部队前往非洲。特里卡梅伦战役象征着汪达尔王国的衰败。一年后，汪达尔最后一任国王盖利默投降。拜占庭帝国接管了汪达尔强大的制海权，占领了汪达尔统治的所有岛屿。罗马帝国的这次远征以损失大量士兵和金钱为代价。

斯拉夫世界

530 年左右，一个名为"斯卡维涅斯"（Sklavènes）的斯拉夫民族联盟占领了从今天的瓦拉奇和摩尔多瓦共和国南部到东罗马帝国边界的地区。普罗科匹厄斯生活在事件发生的时代，他记录说，这支通过亲缘关系组成的部族，渡过多瑙河，一路畅行无阻，最后在君士坦丁堡统治的巴尔干半岛定居下来。

率领迁徙者的名字表明他们都是斯拉夫人。约尔达内斯记录下了这场斯拉夫人的首次迁徙。在普罗科匹厄斯的同时代，历史学家约尔达内斯撰写了一本名为"哥特人的起源与事迹"（De origine actibusque Getarum）的书，也就是人们熟知的《哥特史》。约尔达内斯断言，这是一个来自维内德的名为"斯卡维涅斯"或"安特人"（Antes）的多人口民族。这个论断可以在有关斯拉夫人起源的最著名的假设中得到部分佐证：鉴于这个民族没有能指代山毛榉或红豆杉的词语，一些历史学家认为他们的原居住地位于波利西亚的普里皮亚季[12]的沼泽地区，位于喀尔巴阡山脉以北约 350 公里处。然而，这一假设遭到许多当代考古学家质疑。

如何解释这场使斯拉夫人一跃成为易北河和伏尔加河之间的欧洲大部分地区的霸主的扩张行动呢？当今的历史学家和考古学家认为主要原因是数百名斯拉夫人自愿加入了这场迁徙，以占领当时被哥特人、汪达尔人和苏维汇人遗弃的土地。接着，斯拉夫人在 6 世纪末继续拓展边界。他们沿着多瑙河北岸挺进了波西米亚和潘诺尼亚。他们所占领的大部分领土，长期由讲日耳曼语的民族统治。因此，斯拉夫人的到来给这些国家带来了文化和政治的重大变革。事实上，这场迁徙促进了与罗曼语、日耳曼语并列的现代欧洲第三大语言区的形成。这三个语言区的界限自其诞生以来，几乎保持不变。

---

[12] 普里皮亚季（Propyat），位于乌克兰基辅州靠近白俄罗斯边界的地方。——译者注

奉献仪式 这位本笃会的神父献祭了一个修道院。节选自加洛林时期的壁画，现藏马莱斯韦诺斯塔（上阿迪杰大区，波尔扎诺自治省）的圣本笃教堂。

圣本笃和修道院

529 年，当雅典哲学学院关闭之时，卡西诺山修道院打开了大门。其创始人名为圣本笃（Saint de Nursie），出身一个显赫的罗马元老院家庭。他终其一生与时代的堕落风气做斗争。他没有避世绝俗，相反，他倡导修士聚居，遵循他所制定的行为守则。怀着这样的理念，他在罗马以南 130 公里的卡西诺附近一座陡峭的山上修建了一座修道院。努西亚的本笃在此度过了余生，直到 543 年，他在本笃会"黑教士"的陪伴下死去。"黑教士"是欧洲精神和文化重建的发起者。在本笃的影响下，整个欧洲建立了 100 多座修道院，许多有教养的人士效仿圣本笃，成了修士。

卡西奥多罗斯就是其中之一，他在 50 岁的时候放弃了拉文纳的政府职务，转而在家乡西里庭，即今天卡坦扎罗省斯奎拉切附近的维瓦里乌姆修道院潜修，他几

■ 国王的回归

西方隐修制度与圣本笃会规的形成

西方隐修制度是中世纪欧洲重要的宗教机制。它的主要倡导者之一,努西亚的圣本笃,撰写了一部教规,制定了详细有序的隐修生活管理守则。

480年,圣本笃出生在翁布里亚努西亚的一个元老院家庭。他摒弃罗马社会的放荡风气,隐居到苏比亚科附近的一个山洞里,过着隐修生活。很快,他的名声在当地传开。他带领一群忠诚的信徒,前往卡西诺山,修建了本笃会的"黑修士"修道院。543年,圣本笃在卡西诺山去世。他不愿意接管其他修道院,即使他撰写的会规被许多修道院采用。根据规定,修士每天强制休息8小时,一天的活动分为三部分。第一项工作,本笃会的首要职责是"神职工作(Opus Dei)",即聚集在一起唱赞美歌,持续大约4个小时。第二项工作,在田间或修道院中进行体力劳动,占用6个小时。第三项工作,花3至5个小时阅读教父的经文和书籍。修士生活简单而积极,与世无争,建立在本笃会修士的两个基本特质之上,即谦卑和顺从。8世纪,查理大帝号召帝国的所有修道院推行圣本笃会规。

插图 位于马莱斯韦诺斯塔(上阿迪杰大区,波尔扎诺自治省)圣本笃教堂的地下室以及装饰壁画的细节图,证明加洛林时期采用了本笃会规。

乎所有的时间都花在自己修建的宏伟的图书馆中，在思考、阅读和写作中度过。他所著的《制度》享有盛誉，成为整个中世纪精神思考的奠基之作。更重要的是，如果没有他，如果不是他带领本笃会教士，那么许多古希腊和拉丁的古典著作可能就无法完好地流传下来。那时候，教士的主要活动之一就是誊写书稿。圣奥古斯丁曾说，世界在衰落，但仍可以拯救其于最终的毁灭。他们所做的事情很伟大。

哥特战争

正当努西亚的本笃和他的教士在卡西诺山上平和地祈祷和工作时，6 世纪欧洲的一场伟大战争，哥特战争爆发了——同时代的历史学家凯撒利亚的普罗科匹厄斯这样写道。从 534 年至 554 年，战争持续了 20 年之久，终结了罗马和意大利其他重要城市的古代文明。

这场战争的导火线十分普通，就像许多其他历史事件一样。狄奥多里克大帝的女儿阿玛拉逊莎的儿子阿塔拉里克任东哥特国王，阿玛拉逊莎为摄政王。534 年，阿塔拉里克去世，王国的命运交到了狄奥达哈德（Théodat）的手上。这个野心勃勃的阴谋家，先是指控其堂姐阿玛拉逊莎叛国，立即将她关押，不久又将她杀害。

阿玛拉逊莎的死讯一经宣布，查士丁尼皇帝便宣称为她复仇。他派遣贝利撒留将军攻占西西里。贝利撒留在西西里群岛所向披靡，只在巴勒摩遇到了东哥特军队微弱的抵抗。与此同时，蒙杜斯（Mundus）率领的拜占庭舰队占领了达尔马提亚。尽管战争前期失利，狄奥达哈德还是决定效法汪达尔人，继续抵抗拜占庭帝国军。但是，他没有意识到"重建"（restitutio，即东罗马帝国对西罗马帝国的重建）这个理念有多么强大，野心勃勃的查士丁尼皇帝便是利用它建立起自己的强权统治。"重建"的理念合理化了帝国军队在意大利发动的一系列战争：这是为了确保西罗马帝国政治的延续性。查士丁尼皇帝只是想再次合并东西罗马帝国。就这样，贝利撒留挺进了瑞吉欧[13]，速战速决，攻占了那不勒斯，居民把他当作解放者。他进行了认真的反思，因为这次胜利有些突然且出人意料。接着，他又前往罗马以及许多

---

[13] 瑞吉欧（Reggio），意大利东北部的一座城市。——译者注

国王的回归

哥特战争：拜占庭重返意大利半岛

拜占庭在意大利的军事行动，被普罗科匹厄斯称为"哥特战争"，这场战争意味着东哥特王国的终结，但也意味着以罗马为首的罗马帝国主要城市沦为废墟。这座前帝国首都被占领了5次，摧毁了3遍，其人口从近100万锐减到了4万，其中近一半人口靠教皇的救济粮生存。

其间，米兰被摧毁，许多人惨死在剑下。由于统治者和军队的巧取豪夺，数以百计的城镇和村庄破产。耕地被废弃，粮食供应减少。在战争期间，仅在皮切诺姆就有50000人死于饥饿。贵族制崩溃，许多元老院的贵族成员在战斗和抢劫中丧生，幸存者太少，以致元老院不复存在。引水渠被毁，饮用水短缺。豪华的浴场被摧毁废弃。围城期间，数百座雕像被熔铸成弹丸和武器。罗马和除拉文纳之外的其他主要城市，不复旧日的宏伟景象。最终，意大利重归帝国，但付出了惨痛的代价。意大利将花费几个世纪的时间才得以恢复到从前的水平。

其他城市作战，例如巴勒摩、库姆斯、里米尼、乌尔比诺和费尔莫。他的果断、善谋和谨慎，为他赢得了所有士兵、收服地的居民甚至是敌人的尊重。东哥特人决定反击。他们废黜了笨拙又狡诈的狄奥达哈德，推选勇敢的维蒂吉斯（Vitigès）为国王。东哥特的新国王不惜割让整个普罗旺斯，和法兰克人结盟，对罗马实施了猛烈的围攻。但罗马的拜占庭军队没有投降，一直顽强抵抗，等来了拜占庭帝国的新援军。随后，帝国新军占领了重要的城市米兰。

拜占庭军队捷报频传，查士丁尼皇帝想按照东罗马帝国来规划意大利的领土和政治。波河将作为边境的传统分界线，正如幼发拉底河一样：维蒂吉斯将统治波河以北，包括米兰的整个地区，波河以南的其余地区则归拜占庭帝国所有，包括东哥特王国一半的皇家宝藏。这就是信使报回的信息。对于维蒂吉斯来说，这些条件都在接受范围内。普罗科匹厄斯认为，这对查士丁尼非常有利，他可以借波河分界作为防御。但是，贝利撒留不看好交战两国的这个和解计划。他认为自己有能力打胜仗，想要将维蒂吉斯带回帝国首都囚禁起来，就像他对汪达尔王国的盖利默所做的那样。于是，他没有再等君士坦丁堡的命令，独自前往拉文纳。

贝利撒留开始为这次惊人之举做准备。他说服东哥特贵族，声称这次进城是以自己的名义进行的，保证不会将拉文纳移交给拜占庭帝国。拉文纳城门打开了，他的诡计也很快就暴露。贝利撒留软禁了维蒂吉斯国王，与此同时，他明确宣布他的每项行动都是以东罗马帝国皇帝的名义进行的。他不费一兵一卒就占领了西罗马帝国的重要城市。贝利撒留将维蒂吉斯国王押送回君士坦丁堡，正当他准备整顿城市的时候，收到了紧急撤回的命令，于是，他只在拉文纳留下一名平民代表和一支薄弱的驻军。贝利撒留开始变成一个非常危险的人物。

将贝利撒留从拉文纳撤回的决定，不管对查士丁尼皇帝的未来，还是对地中海的历史，都是一个非常致命的错误。几个月后，东哥特人东山再起，推选伊迪巴德（Hildebad）为国王。此时，拜占庭帝国在与波斯人的战争中损耗了大量的兵力和金钱。帝国的税收也不再丰厚，意大利人开始缅怀狄奥多里克的时代。

东哥特国王托提拉

这幅壁画的作者是贝纳德托·蓬菲利（Benedetto Bonfigli，约1420—1496），刻画托提拉围攻佩鲁贾的场景。这是主题壁画《圣卢多维科和圣埃尔科拉诺的历史》的一部分，是为佩鲁贾普廖里宫所绘（现藏佩鲁贾翁布里亚国家美术馆）。

这时，新国王托提拉（Totila）出现了，是他结束了哥特战争。托提拉不仅拥有军人的英勇，还有真正的政客的谋略。他首先考虑的是社会层面：他知道赢得人民的支持和认可是首要的，教会或元老院的大地主贵族的支持反而不是必要的。托提拉决定采取一些经济措施来保护受帝国税收重负影响最大的人群。在这一策略的帮助下，他向南进军，征服了那不勒斯，而没有破坏它。541年12月17日，他占领了罗马，向外驱逐居民，最后罗马成了一座空城。

局势对哥特人越来越有利，对拜占庭帝国越来越不利。查士丁尼皇帝被迫搁置其他计划。他下令国家财政部尽最后的努力，筹建了一支超过 35000 人的军队，并由宦官纳尔塞斯（Narsès）统领。纳尔塞斯是一位伟大的谋略家，同时也是个蹩脚的政治家。552 年，纳尔塞斯来到拉文纳城门脚下，在距罗马 180 公里的亚平宁山脉中一个名叫"塔吉纳"（瓜尔多塔迪诺附近）的村庄击败了托提拉。托提拉在逃亡途中死了。东哥特人回到半岛北部，又推选了一位新国王——德亚（Teias）。同年，东哥特人在维苏威附近的拉克塔里山战役中与帝国军队交战。553 年，几个东哥特贵族集结了一群法兰克士兵和阿勒曼尼士兵，向帝国军队挺进，他们最终在坎帕尼亚的沃尔图诺河畔与帝军对战。在其中一场战役中，一支训练有素的帝国军队打败了人数和士气都占上风的法兰克—阿勒曼尼军队。这场战斗中，只有 5 个东哥特人幸存下来。最终，哥特人彻底战败。这场战斗结束了一个时代，我们可以将之视为古代的最后一场大战，抑或是中世纪的第一场大战。

拉文纳总督

宦官纳尔塞斯重新规划意大利半岛的领土，将它划归为罗马帝国的一个省。他在那儿做了 10 年的总督。那时意大利作为拜占庭帝国的一个普通行省，由君士坦丁堡统治，意大利的这一历史时期被相应称为"总督时期"。纳尔塞斯在任职期间恢复了天主教神职人员的主导地位。天主教神职班一直都不信任东哥特政府。纳尔塞斯还修复了拉文纳教堂，此举有利于塑造帝国皇帝的光辉形象：海港区成了经济活动中心，那里宏伟的克拉塞的圣阿波利奈尔建筑群远近闻名。从狄奥多里克统治时期就开始施工的圣维塔大教堂终于在市中心竣工。工程的最后一部分由银行家朱利安·阿尔让捷（Julien l'Argentier）资助，由主教马克西米安努斯（Maximianus）监督建成。这一切努力，使拉文纳成了 6 世纪西方的璀璨大都城，然而，这没有给纳尔塞斯本人带来太多好处，甚至可以说对他毫无用处。565 年，查士丁尼二世（Justin Ⅱ）接任查士丁尼一世成为皇帝。他命令纳尔塞斯返回君士坦丁堡。他一回到君士坦丁堡，就被帝国强行拘禁，拜占庭政府一一调查纳尔塞斯辖区公民的投诉。纳尔塞斯于 567 年去世。之后，意大利迎来了新的移民

■ 国王的回归

查士丁尼的金币

这枚硬币名为贝桑（Besant），是为致敬贝利撒留将军的征战所制的纪念币。贝利撒留为帝国征服了北非的汪达尔王国，并经过一场持久且代价沉重的战争，征服了意大利半岛的东哥特王国。这里凸显他作为立法者的角色，这也是他出名的一个方面。

潮。大约是在这个时期，诞生了著名的圣维塔镶嵌画，画的是查士丁尼皇帝和他的官员，以及狄奥多拉（Théodora）皇后和她的随从。这两人从未踏入拉文纳。这些精美的镶嵌画似乎呼应着皇帝重返西罗马帝国的古老领地。这是拜占庭的艺术作品被用于政治宣传的鲜活例子。然而,这个呼应来得太晚了。

克拉塞的圣阿波利奈尔教堂

建于6世纪，由乌西辛努斯（Ursicinus）主教筹建、朱利安·阿尔让捷资助，位于"罗马海军"海滨，距离拉文纳5公里。它于547年被祝圣，由三座殿堂和一个带有半圆形后殿的多边形后殿组成。正面是前廊，下面是大理石。入口上方是开了三重窗洞的窗户。大教堂的左侧是一座建于9世纪的钟楼，其圆柱形楼体从下到上分别开了单洞、双洞和三洞窗。这种结构使楼塔更稳定、更轻盈，防止倒塌。后殿的墙上有镶嵌画，描绘了圣阿波利奈尔教堂的轮廓。

历史不会倒退。不过，有可能会出现一个拉丁帝国来与"蛮族"国王日益增长的势力相抗衡。这将是欧洲在其形成过程中遇到的下一个巨大挑战。也许，正是从这个意义上，569年应该被视为一个转折点，不仅是意大利的政治转折点，还是两个历史时期之间的转折点。

档案：拉文纳，西罗马帝国的伟大首都

档案：拉文纳，西罗马帝国的伟大首都

拉文纳，西罗马帝国的首都，是唯一一座能令君士坦丁堡黯然失色的都市。它一开始是东哥特王国首都，之后又成为拜占庭的总督辖区。

404年，皇帝霍诺里乌斯（Honorius）将西罗马帝国的政府设在拉文纳，从此，拉文纳就开始在历史上散发光芒。它被选中是得益于其亚得里亚海岸的优异地理位置：沼泽和泻湖使它无法通过陆路进入，而沙丘则阻止了来自海上的进攻，它比罗马更好地

拉文纳教堂的镶嵌画

镶嵌画是艺术家最喜欢的表达方式。它使用了彩色大理石碎片以及切细的镶嵌玻璃或搪瓷块。宝石和其他不那么贵重的材料互相搭配。镶嵌画主要用于画肖像或圣像。

插图 克拉塞的圣阿波利奈尔大教堂内部以及崇拜东方三王的镶嵌画。

抵御了西哥特人阿拉里克一世的袭击。然而，当日耳曼人（这次是异教徒）首领拉达盖苏斯（Radagaise）带领一支由阿兰人、夸迪人、东哥特人和汪达尔人组成的军队越过阿尔卑斯山而来，拉文纳颤抖了。它在围攻中坚持了下来，406 年，斯提里科（Stilicon）将军在菲耶索莱战胜了拉达盖苏斯，控制了局势。按理来说，他应该乘胜追击，终结这支受重创的军队，但斯提里科选择了和谈。就这样，拉文纳得以巩固其作为皇家宫廷所在地的首都地位。拉文纳的宫廷由贵族、公

查士丁尼

这位皇帝试图统一意大利的政治和宗教，建都于拉文纳，但没有成功。他的主要成就体现在编撰了一部宏伟的法律巨著，留下了伟大的艺术遗产，该时期的艺术处于拜占庭传统和中古世纪复兴的中间过渡期。

主、主教、宦官和赫赫有名的将军组成,宫中充斥着奢靡和阴谋。在一场宫廷密谋中,斯提里科被指控犯有叛国罪。这只是一个粗糙的借口罢了,目的就是要搞垮斯提里科。斯提里科因为其社会出身而不受赏识,而他的战功更使他成为野心勃勃的权贵的眼中钉。朝臣不费吹灰之力就让皇帝将斯提里科斩首了。斯提里科去世时,罗马的命运也被封印了。

女皇加拉·普拉西提阿

423年,皇帝弗拉维乌斯·霍诺里乌斯(Flavius Honorius)死后,一个名叫约翰(Jean)的官员策划了一场失败的政变,年轻的瓦伦丁尼安三世(Valentinian Ⅲ)登上了西罗马帝国的王位。他的母亲加拉·普拉西提阿(Galla Placidia),狄奥多西大帝(Théodose le Grand)的女儿摄政。她在第一次婚姻中嫁给了西哥特人首领阿陶尔夫(Athaulf)。415年,阿陶尔夫去世,她前往拉文纳,与一位名叫君士坦提乌斯(Constance,瓦伦丁尼安三世的父亲)的高官结婚。在加拉·普拉西提阿摄政期间,拉文纳繁荣发展,但同时也成了尔虞我诈的是非之地。比如,加拉·普拉西提阿的小女儿尤斯塔·格拉塔·霍诺里娅(Justa Gratia Honoria)给著名的匈奴国王阿提拉(Attila)写了一封信,向他求婚。她的目的以及促使她这样做的原因,至今仍不可知,然而,阿提拉应允了这位年轻的公主的疯狂提议,当然,阿提拉也要求分得王权。450年,拉文纳风雨飘摇:加拉·普拉西提阿,唯一一个能够辅佐儿子瓦伦丁尼(Valentinien)的人去世了。她被埋葬在自己于425年至430年建造的陵墓中。陵墓旁边是一座大教堂,今天已不复存在。陵墓采用拉丁式十字形格局,具备丧葬建筑的所有特征,即便它同时也用来纪念殉道者,这就是后来它被专门用来纪念圣罗兰(Saint Laurent)的原因。陵墓外部有一个用砖头和砂浆固定的石头砌成的遮挡物,带有盲拱廊,屋顶覆盖有瓷砖。陵墓内部则被拱顶和侧拱上的半圆柱形拱顶封起来。墙壁上装饰着丰富多彩的镶嵌画,刻画的是八位使徒和在水池中喝水的鸽子。耳堂的穹顶刻画着其他四个使徒。门上有耶稣基督的画像,象征他是一个好牧人。石材面板上,光线透过窗户照进来。陵墓包含三具石棺,其中最大的一具石棺理应属于加拉·普拉西提阿,在1577年一场大火中烧毁。第二具似乎属于加拉·普拉西提阿的儿子瓦伦丁尼三世或皇帝的兄弟霍诺里乌斯（Honorius）。最后一具石棺则被用来存放加拉·普拉西提阿的丈夫君士坦提乌斯三世的遗体。

加拉·普拉西提阿之死，使拉文纳政府陷入了深深的混乱。同年爆发了饥荒，人民把这场饥荒与这位非凡的女性之死联系在一起。事实上，当时一场虫害影响了拉文纳周围土地的小麦的收成。这次异常事件还伴随着阿提拉的入侵。他将阿奎莱亚城夷为平地。这个城市的居民逃到附近的沼泽地，建立了一座新的城市，随着时间的流逝，这座城市将替代伟大的拉文纳。它就是威尼斯。然而，帝国面临围困，危险还是迫在眉睫，就在此时，仿佛是上天派来的教宗利奥一世（Léon Ier）出现了，他在曼托瓦城与阿提拉会晤，说服他解除围攻。神奇的是，这位外号为"上帝之鞭"，除了前一年在卡塔隆平原战役上被击败，没有向任何人让步过的阿提拉，竟然带着战利品返回了潘诺尼亚平原。

阿提拉的战役对拉文纳的政治生活产生了重大影响。拉文纳的贵族和宫中宦官指责埃乌提斯将军没有尽到守护宫廷的职责。他们又在拉文纳宫中策划了一桩典型的阴谋。瓦伦丁尼三世皇帝的主要合作者向他施加压力，要求他不要如约赐婚女儿与埃乌提斯之子高登提乌斯（Gaudentius），以免让他有机会继位。瓦伦丁尼三世没有母亲加拉·普拉西提阿在身边出谋划策，听信了贵族佩特罗尼乌斯·马克西穆斯（Pétrone Maxime）的话，起意谋杀埃乌提斯。为此，454 年 9 月，他以开会之名将埃乌提斯召入宫，佩特罗尼乌斯·马克西穆斯挑起争吵，然后皇帝亲手将埃乌提斯刺伤。赫拉克留斯（Héraclius）结束了埃乌提斯的性命。因为这一幕，拉文纳开始流传："瓦伦丁尼用左手砍了自己的右手。"的确，皇帝支持这一阴谋，对他自己有害无益。由于他没有如佩特罗尼乌斯·马克西穆斯所愿，玷污埃乌提斯的尊严，马克西穆斯怀恨在心。这就是为什么马克西穆斯接下来又策划了一桩新的阴谋，这次暗杀的对象是皇帝本人。他成功了。在一次阅兵时，随行士兵用匕首刺杀了瓦伦丁尼和他忠实的随从赫拉克留斯。这两次暗杀震惊了整个拉文纳社会，但作案者完全不受制裁，之后就没有下文了。

档案：拉文纳，西罗马帝国的伟大首都

西罗马帝国的终结

西罗马帝国的皇族就此彻底消失了，帝国的王位留给了那些手握兵权的野心家。策划政变的佩特罗尼乌斯·马克西穆斯，为了获得他与未来妻子所生子女的王位继承权，与瓦伦丁尼三世的遗孀尤多西结婚了。从那时起，拉文纳成了观摩西罗马帝国衰落、罗马覆灭的绝佳看台。此时，汪达尔王国的盖萨里克从北部非洲和撒丁岛的港口出发，开始占领整个地中海西部。除了重兵把守的拉文纳还在顽强抵御，帝

圣维塔大教堂

这座教堂的建造始于东哥特王国统治时期,主体工程后来由银行家朱利安·阿尔让捷资助,并由马克西米安努斯主教在 546 年至 556 年主持完成。教堂的格局呈双层八角形,两层分别是回廊和圣楼,以支柱连通圆顶。祭坛被一个十字架拱顶覆盖,可以穿过两扇门的前廊来到祭坛。教堂外部由轻质材料筑成,砖壁饰面的角落处有拱柱和直伸到屋顶的扶壁作为加固。穹顶呈八角形,装有赤陶管。

插图 下图为祭坛镶嵌画,刻画亚伯(Abel)和牧师麦基洗德(Melchisédech)献祭的场景。右图为整体平面图和立面图。

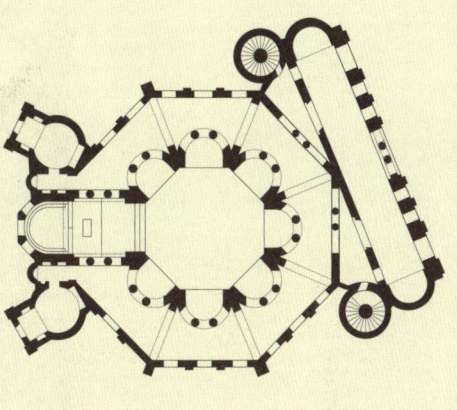

国的其他城市都接连落入盖萨里克之手,被践踏摧毁。在一场入侵中,皇后尤多夏(Eudoxia)与她的女儿尤多西一起被捕。盖萨里克把尤多西许配给儿子胡内里克为妻。这一系列事件使拉文纳越来越往东罗马帝国靠拢。它逐渐变成拜占庭的一座城市。然而,拉文纳还将发生一场政治剧变,为西罗马帝国落下帷幕。

455 年,佩特罗尼乌斯·马克西穆斯去世后,一位名叫阿维图斯的高卢将军称帝。拉文纳整个社会以及当时掌管实

档案：拉文纳，西罗马帝国的伟大首都

权的宦官都对他不服。他的统治持续了不到12个月。他唯一的支持者是雇佣兵统帅"蛮族"里西默（Ricimer）。里西默是一个行事不择手段的投机者，父亲是苏维汇人，母亲是西哥特人。但没过多久，里西默就倒戈反对阿维图斯。在这种政治背景下，阿维图斯认为退位更为明智。根据希多尼乌斯·阿波黎纳里斯（Sidoine Apollinaire）的说法，里西默后来成为"永垂不朽者"，掌管国家命运。他根据自己的意愿任命和罢免皇帝。在他的支持下，457年，马约里安（Majorien）登基。说实话，他算是一位有所作为的皇帝。拉文纳又陷入了西罗马派和东罗马派无休止的钩心斗角之中。

拜占庭宫殿

拉文纳的圣维塔教堂神父住宅里的镶嵌画，刻画的是狄奥多拉皇后身旁立着随从的场景。

■ 档案：拉文纳，西罗马帝国的伟大首都

洗礼堂

　　拉文纳有两座洗礼堂，一座是阿里乌教派洗礼堂，另一个是东正教派洗礼堂。这两座建筑有同样的功能（洗礼），分别针对两个基督教群体。阿里乌教派洗礼堂毗邻圣灵教堂，为八角形的砖建筑，内部圆顶上饰有镶嵌画，刻画的是施洗约翰为耶稣洗礼[14]，周围是十二使徒（右图）。东正教洗礼堂建于距今50年前的罗马浴场上，由盲拱分为两层。在圆顶中心，饰有留胡子的基督的镶嵌画，半身浸没在约旦河中将接受洗礼。内有一座具有纪念意义的八角圣水缸，提醒人们最开始洗礼是要完全浸入水中进行的。

[14] 施洗约翰（Saint Jean Baptiste），撒迦利亚和以利沙伯的儿子。因他宣讲悔改的洗礼，而且在约旦河为众人施洗，也为耶稣施洗，故得此别名。——译者注

君士坦丁堡任命安特米乌斯（Anthemius）率领一支兵力强壮的军队出征。经过与里西默快速的和谈，467年，安特米乌斯成为西罗马帝国皇帝。安特米乌斯和里西默的相处有很多摩擦。两人都在背后咒骂对方。安特米乌斯称里西默为"披着人皮的野蛮人"，而里西默则称安特米乌斯为"放荡之人"。唯一使两人团结起来的共同目标，就是从汪达尔人手中夺取北非。这也是拉文纳整个社会关注的。北非是罗马的粮仓，拉文纳连年歉收，他们需要小麦。然而，罗马这次讨伐汪达尔以失败告终，带来的只有军事灾难和经济损失：罗马总共损失了超过65000磅黄金和70000磅白银，这在当时可不是一笔小数字。这次战败改变了安特米乌斯的命运，他伪装成流浪汉逃离罗马，在472年被杀害。

在对手安特米乌斯死后不久，里西默也去世了，他将权力留给了他唯一的侄子贡德波（Gondebaud）。贡德波和叔叔一样残酷，尽管城府不如叔叔深厚。然而，他没有在拉文纳争得一席之地，坏消息接踵而至：东罗马帝国皇帝利奥一世色雷斯（Léon Ier le Thrace）派朱利乌斯·尼波斯（Julius Nepos）出任西罗马皇帝，对抗贡德波推选出的格利凯里乌斯（Glycérius）。

格利凯里乌斯经过一阵抵抗，放弃了王位。而朱利乌斯·尼波斯这个皇帝并没有当太久。一个名叫欧瑞斯特（Orestes）的心腹背叛了他，于475年篡夺了政权。奇怪的是，欧瑞斯特将刚满12岁的儿子立为新皇帝，自己摄政。几个月后，到了476年，士兵一直没有等到物资，他们合力推选了将军奥多亚塞（Odoacre）为首领，废黜了西罗马帝国最后一位皇帝。

历史的讽刺性在于，那位刚刚被废黜的末代皇帝，其全名包含了罗马历史上两个最伟大的名字。他的全名叫罗慕路斯·奥古斯都（Romulus Augustus）[15]，或更确切地说是罗慕路斯·奥古斯都路斯（Romulus Augustulus）。他也被称作"小奥古斯都"，因为他被父亲弗拉维乌斯·欧瑞斯特（Flavius Orestes）将军任命为皇帝时还未成年。兵荒马乱之中，罗马不复存在，而拉文纳则向东罗马帝国靠拢，希望归属拜占庭帝国。目标接近实现之际，历史为它保留了最后的独立时期。

---

[15] 罗慕路斯（Romulus），罗马传说中的建城者。奥古斯都（Augustus，即屋大维），罗马的开国皇帝。——译者注

档案：拉文纳，西罗马帝国的伟大首都

东哥特王国的首都

5世纪末，拉文纳成了东哥特王国的首都。这个事件也是促使西罗马帝国政权瓦解的因素之一。君士坦丁堡的皇帝芝诺担心强大的东哥特首领狄奥多里克会扰乱东罗马帝国的和平，因此授予狄奥多里克东罗马帝国的军衔出征意大利。芝诺册封他为统帅贵族（Patricius），号称"统军大元帅"（patrice generalissimo）。狄奥多里克带着这个头衔，率领近20000名战士出现在拉文纳的城门前。他是阿里乌教徒，却得到了大主教的支持，因为他们将他视为真正的皇帝派来的特使。就这样，他打败了西罗马帝国的日耳曼首领奥多亚塞。打败他之后，他邀请奥多亚塞到城里一同进餐，宴后，他亲手杀死了奥多亚塞。他获得了"国王（rex）"的头衔，但是要承诺遵守拜占庭帝国法律。狄奥多里克就这样登上了宝座。他下令将拉文纳以南的庞廷的沼泽排干，并设法将其中一部分土地转变为农田。他主张经济要稳定，颁布了一项新法令，规范了物价水平，同时调低官员的薪水，取消国家给教会的补贴，并降低了税收。不过，他统治期间国库的收入足以弥补战争给拉文纳造成的损失。

随后，狄奥多里克在拉文纳兴建重要的民用和宗教建筑，包括新圣阿波利奈尔教堂和圣维塔教堂。另外，他振兴港口，使克拉塞沿海地区成为城中最繁荣的地区之一。他还在拉文纳建造了自己的陵墓，陵墓的第一层是个呈十边形的巨大建筑，每边的半圆拱腹下都有壁龛，根据十字形格局建成。第二层，也是十边形，从陵墓的废墟可以看到一条旧回廊，以及墙壁上延伸出的拱门。侧边有一条钳形的带子——直接借鉴哥特人的金器装饰图案。在二层中央，有一个斑岩做的圆形坟墓，狄奥多里克就安葬于此。后来陵墓改建成教堂，他的遗体也被挖了出来。

540年，哥特战争期间，拜占庭将军贝利撒留征服了拉文纳，拜占庭艺术得以在意大利繁荣发展。547年，圣维塔教堂在查士丁尼皇帝和他的妻子狄奥多拉的支持下完工，他们出资装饰教堂，教堂饰有刻画他们的镶嵌画。在圣维塔教堂祝圣两年后，549年，拉文纳大主教马克西米安也祝圣了克拉塞的圣阿波利奈尔圣殿，这是拉文纳第二座献给主保圣人的教堂，位于海滨街区，即曾经的亚得里亚海"罗

加拉·普拉西提阿陵墓

这座陵墓建于425年至430年，建筑主体宏伟壮观，陵墓内的镶嵌画更加出名，是拉文纳最早的镶嵌画。

马海军"基地。圣阿波利奈尔圣殿体现出明显的古罗马大教堂风格，但其带叶板的复合式城堡也体现出拜占庭风格。华丽的长列圆柱、拱门缘和柱廊口五彩缤纷的镶嵌画（画于7世纪），祭坛精致的灰泥板，以及后殿圆穹上用宝石制成的十字架……都使这座教堂成为意大利半岛上最引人注目的教堂之一，其内的艺术珍品数不胜数。

格列高利一世

大理石双联板画上的格列高利一世教皇。这是亚琛大教堂的珍宝（制作于8世纪）。下页的插图是萨顿胡□的盎格鲁—撒克逊宝物，可追溯至7世纪（现存大英博物馆）。

[5] 萨顿胡是7世纪皇家墓地。内有盎格鲁—撒克逊国王的陵墓。——译者注

群雄割据

~~~

"蛮族"王国在罗马教会的支持下建立了政权,这标志着欧洲分裂的开始。西罗马帝国盛行拉丁文化,同时受到日耳曼人生活习惯的微妙影响。东罗马帝国占主导地位的是拜占庭文化,也就是希腊文化。草原民族继承发扬了这种文化。东、西罗马帝国孕育了"中欧",这里是未来几个世纪风云变幻的中心。

~~~

568年秋至569年春,一支由阿尔博因(Alboïn)率领的伦巴第部落联军,沿着意大利北部方向,跨越了朱利安阿尔卑斯山[17]。除了伦巴第部落,这支远征军队还包括日皮德人、萨尔马特人、潘诺尼亚人、北欧人,甚至保加利亚人。迫于草原新移民阿瓦尔人的压力,他们放弃了潘诺尼亚平原(现在是匈牙利)巴拉顿湖[18]

---

[17] 朱利安阿尔卑斯山(Julian Alps),东阿尔卑斯山的一座山脉,从意大利东北部一直蜿蜒到斯洛文尼亚。——译者注
[18] 巴拉顿湖(匈牙利语:Balaton),中欧最大的湖泊。——译者注

伦巴第皇后泰奥琳德的历史和传奇

584年,伦巴第国王奥泰利(Authari)与其他觊觎皇位者进行了漫长的角逐。同时,他还在筹划与泰奥琳德的婚礼。这位公主是巴伐利亚公爵加里巴尔德一世的女儿,她的母亲是莱丁王朝(Lething)[19]的王室成员。"莱丁"是伦巴第王国旧皇宫的名字。

泰奥琳德是天主教徒,她还是教皇格列高利一世的朋友,因此当地一些德高望重的主教也乐于和她来往。从前他们曾与新国王奥泰利所信仰的阿乌里安派针锋相对。590年,奥泰利逝世,泰奥琳德与都灵公爵阿吉卢尔夫缔结了第二次婚姻,她的儿子阿达洛亚尔(Adaloald)成了第一位受洗的伦巴第国王,虽然天主教到了阿里佩特一世(Aripert Ier,653—661年在位)统治期间才算真正扎根。阿里佩特一世是天主教徒,是泰奥琳德的巴伐利亚侄子。因为这一切,泰奥琳德在人们心中的形象圣洁而伟大。她还积极资助当时艺术和文学的建设,包括在蒙扎市建了一座藏品丰富的宫殿,还有一座专门纪念施洗约翰的教堂,以及其他一些宗教建筑,为爱尔兰传教士圣高隆(Saint Columba)在当地传教提供场所。她于627年在蒙扎逝世,葬于自己所建造的教堂中,之后不久,她被尊为真正的圣人。弗朗切斯奇诺·扎瓦塔里(Franceschino Zavattari)和他的三个儿子在蒙扎天主大教堂里画了一幅题为"泰奥琳德皇后的故事"的主题壁画(1441—1446年),这幅哥特式风格的壁画声名远扬。此后,关于泰奥琳德的神话传奇在15世纪广为流传。

插图 《泰奥琳德的梦想与启航》,这是该主题壁画中45个场景之一。

附近的殖民地。意大利北部对伦巴第人的抵抗很微弱:奇维代尔、维罗纳[20]和米兰纷纷被轻易拿下,除了帕维亚。帕维亚在东哥特军队铁甲重兵的武装下,在围困中坚持了将近三年才投降。而帕多瓦[21]坚持了下来,守住了波河战线。许多难民迁居威尼斯的沼泽地和泻湖地区,逐渐把威尼斯建设成一座繁荣的商业大都市。

[19] 莱丁王朝是伦巴第王国第一个王朝。——译者注
[20] 维罗纳(Vérone),位于意大利北部威尼托阿迪杰河畔的一座历史悠久的城市。——译者注
[21] 帕多瓦(Padua 或 Padova),意大利城市。——译者注

这是一场大规模的人口迁移，波及 100000 名至 150000 名人口。编年史家保罗·迭肯（Paul Diacre）详尽地记载了这场迁徙。移民被分为几个等级，第一等是氏族领袖（fara），自称公爵（duces），这个词是从拜占庭等级制度中借用的。阿尔博因就是其中之一。他被武装的"自由人集会"（gairethinx）推选为首领，带领他们从匈牙利平原远征帕维亚城。伦巴第的军人被称为"exercitales"或"arimanni"，这个词来自日耳曼语的"heer"（军队）和

> 群雄割据

"mann"（人）。伦巴第人定居在意大利北部之后，军人在领土分配中扮演举足轻重的角色。公爵一共有35人，每个公爵管辖一个城邦（civitas），辖区包括军队收服的城市本身及其内地。不过，公爵不统治王国。他们蔑视罗马帝国，自由地扩张领土。最后是宗教方面冲突不断：狂热的阿里乌教派与当地新兴的天主教水火不容。

阿里乌教派的风俗，以及伦巴第人的政治生活，在今天看来，有着很强烈的史诗色彩。阿尔博因去世的故事就是一个很好的例子。保罗·迭肯记录，有一天，阿尔博因喝醉了，强迫妻子罗莎蒙德（Rosemonde）用她父亲的头骨做成的杯子喝酒——她父亲之前为阿尔博因所杀。罗莎蒙德以牙还牙，与贵族赫尔米提斯（Helmichis）和佩雷德（Peredée）密谋杀害她的丈夫。又有一天，他们趁着阿尔博因睡着时，进入房间将他杀害。自由人协会给罗莎蒙德判罪。于是，罗莎蒙德逃亡拉文纳，她说服了拉文纳的修道院长隆金（Longin）保护她。为此，她必须摆脱她的情人，她丈夫的马厩总管。罗莎蒙德给他喝了毒药，不过，他临死前逼迫罗莎蒙德喝下了剩下的半杯毒药。这段故事令人毛骨悚然，一如诞生于日耳曼民族大迁徙中的史诗文学。

伦巴第国王

560—572年在位
阿尔博因

572—574年在位
克莱夫

584—590年在位
奥泰利

591—616年在位
阿吉卢尔夫

616—626年在位
阿达洛亚尔

626—636年在位
阿里奥亚尔

636—652年在位
罗泰利

这个事件虽然惨无人道，但我们也要理解罗莎蒙德不幸的命运，毕竟她在成为杀人凶手，继而反被谋杀之前，也曾是一个温柔的女人。在这段建立于印欧悲剧之上的历史中，很少出现基督教的身影。这类罪行掩盖了伦巴第人占领意大利初期的真实行径。

不久，有一些国王试图统治意大利，收服部族首领的城邦。克莱夫（Cleph）的儿子奥泰利就是其中之一，他娶了虔诚的天主教徒泰奥琳德。这位法兰克公主以其良好的拉丁文化涵养和美貌著称。她怀着虔诚的信仰，鼓励伦巴第人相信天主教信奉而阿里乌教派反对的"三位一体"信条。根据"三位一体"的教义，"圣父、圣子、圣灵三圣，是一位神，具有同样的能力，同等的荣耀"。泰奥琳德声望很高，她丈夫死后，她又嫁给了阿吉卢尔夫。阿吉卢尔夫被自由人协会推选为新国王，接替她的前夫。这对夫妻致力于维护社稷的安稳。接下来的几年对于巩固伦巴第人在意大利的统治具有决定性意义。636年，布雷西亚公爵罗泰利（Rothari），即传说中的罗特尔，成为国王。他娶了泰奥琳德的女儿哥德贝尔吉（Gondeberge）。罗泰利重新恢复了天主教的等级制度。他将权力扩展到了威尼托[22]和利古里亚[23]（他甚至成功征服了热那亚）。643年，他颁布了一部拉丁语的法典，成为立法系统的先锋。他为王国的稳定奠定了扎实的基础。此时，阿里乌教派在伦巴第民间的正教地位动摇了。这一系列举措有利于巩固所谓的"欧洲模式"。同时期的墨洛温法兰克人已经实现了这一模式，实现了日耳曼文明和以掌握着大量土地的贵族为代表的罗马文明的真正共存。

墨洛温王朝的经历

克洛泰尔一世于561年去世，带来了墨洛温王朝的新一轮分裂。其子查理伯特一世割据巴黎国，西吉贝尔特一世割据梅斯，希尔佩里克则割据苏瓦松地区。克洛维一世的孙子之间关系紧张，给王国的未来埋下了后患。当时皇后们掌握着宫廷的政治，她们后来成为19世纪的风云人物。

西哥特国王阿塔纳吉尔德（Athanagilde）的女儿布伦希尔德（Brunehaut）和加尔斯温特（Galswinthe）分别嫁给了梅斯王国的西吉贝尔特一世和苏瓦松王国的希尔佩里克。然而，他们的婚姻并不持久。早年就显露出风流本性的希尔佩里克为了迎娶出身低下的情妇芙蕾德贡德（Frédégonde），勒死了加尔斯温特。布伦希尔德发誓要为姐姐报仇，她说服她的丈夫围攻图尔奈，但是西吉贝尔特一世运气太差，在阿拉斯附近被芙蕾德贡德的两名随从暗杀了。这是这场悲剧的第一幕。第二幕则因希尔佩里克压制天主教的政策而起：他质疑"三位一体"的教义，甚至写了一些放肆的赞美诗。图尔的圣额我略将他形容为"当时的尼禄和希律"。584年，希尔佩里克被暗杀，儿子克洛泰尔二世（Clotaire Ⅱ，584—

---

[22] 威尼托（意大利语：Veneto），意大利东北部的一个政区。——译者注
[23] 利古里亚（意大利语：Liguria），意大利西北部的一个邻海大区。——译者注

> 群雄割据

撒利克法典：革新性法典和神明裁判

撒利克法典（La loi salique）是指法兰克人撒利克部族通行的法律条规。撒利克法典撰写于511年，很快被颁布。它是当时蓬勃发展的欧洲思想的先锋性法律章程，法兰克人是其开创者。

撒利克法典的大多数判决都基于"考验制度"。比如，如果有一个人提起诉讼，那么法院会采取双方都同意的一系列"考验"来解决纠纷。这个"考验制度"不是为了证明是非真假，更多的是决定者的力量的体现。首先有一些根据被告的身份采取的"考验"。如果失败了，接下来就诉诸神意裁判[24]或神的审判。接着被告人需要经受极其严酷的"考验"。比如手脚被绑扎，然后浸入水中。如果他幸存下来，那他就是无辜的；如果他死了，那就是因为他有罪。也可以诉诸司法对决，两者决斗。这时候，法律成了一种战斗仪式。所有不法行为都对应一个价格：人可以通过支付"命价"（wergeld）来逃脱惩罚。撒利克法最著名的条款是第六十二项的第六条："对于撒利克的土地，妇女不拥有任何继承权。"这条禁止妇女继承法国王室遗产的法则，是好几次政治冲突的根源。

插图 立法者，使用贝桑松的羊皮纸所作的画（现藏圣加尔修道院图书馆）。

---

[24] 神意裁判，中世纪条顿族等施行的裁判法，如令被告将手插入火或沸水中，若不受伤，便定无罪。——译者注

629）继位，芙蕾德贡德摄政。与此同时，布伦希尔德还在继续她的复仇计划。她夺取了法兰克王国的权力。她的儿子希尔德贝尔特二世（Childebert Ⅱ）死后，她做了两个孙子的摄政王，分别是奥斯特拉西亚王国的提乌德贝尔特二世（Thibert Ⅱ）和勃艮第王国的提乌德里克二世（Thierry Ⅱ）。她试图控制墨洛温王朝的其他地区，于是，奥斯特拉西亚王国的权贵，包括梅斯王国的阿诺尔（Arnoul）和丕平，向克洛泰尔二世求援。最后，布伦希尔德被抓捕，车裂而死。她的曾孙也被杀死。

克洛泰尔二世成为法兰克人的唯一国王。他被迫同意贵族割据以及削减自己的权力。他先是颁布了使《宪法》

法典

"蛮族"国王（西哥特、法兰克、伦巴第和阿勒曼尼）喜欢法制，采用罗马法与日耳曼传统法律相结合的法典治理国家。其中一些法典被称为"领土法"，既适用于日耳曼人，也适用于罗马人。上图是《罗马—蛮族法律大全》（Corpus de lois romano-barbares）的节选（现存摩德纳教会图书馆）。

61

具有可执行性的条文（praeceptio），然后又颁布了《宪法》，在宪法中他确立了主教自由选举的权利，扩大了教会法庭的职权范围，承诺会尊重有利于教会发展的条例。这是为什么教会能够成为王国的第一大地主。克洛泰尔二世被迫同意由教区的本地人担任主教，这相当于把教会归还给当地的贵族管辖。

先不论这些措施的性质，克洛泰尔二世还是实现了以撒利克法典为基础的日耳曼法律模式和以罗马法为基础的拉丁法律模式的融合，同时传承了古代勃艮第王国的某些习惯法。他还借此机会改革了政治体制，通过这次改革将一些忠实的大臣安放在国王身边，他们称为"近臣班子"（leudes），协同一致，成了国王在宫廷中的支持者，也就是"义勇卫队"（trustis）。义勇卫队的成员称为"皇家防卫军"（antrustiones），他们宣誓效忠国王，大多数是从陪同国王远征的军事贵族中选拔出来的。

墨洛温王朝的宫中职务更多是服务于王室：总管，也就是内侍领班；王室统帅，也称元帅，实际上是王室护卫；内侍，以及最重要的是宫相。宫相是宫廷要职，由国王从全国的大地主和贵族中遴选。

教皇格列高利一世

西方的努西亚的圣本笃倡导的隐修制度大获成功。修士登上圣彼得[25]之位的时刻到来了。这发生在格列高利一世身上，他获得了"格列高利教皇"的称号。格列高利一世出身罗马贵族，祖父是罗马主教费利克斯三世（Félix Ⅲ），父亲是地主。他接受了高贵的古典教育，学习法律和音乐。不过，他从未学过希腊语，这体现了西罗马帝国与东罗马帝国的疏离。他不太喜欢文学，以自己不拘一格的文风为豪。由于他的贵族出身，格列高利一世很年轻的时候就开始了为官的政治生涯，被授予"荣誉勋章"（Ordo Honorum）。573年，他30岁，被封为罗马执政官，这是多年以来罗马最令人向往的官职。然而，之后他去了自己所建的圣安德烈修道院担任院长。他利用父亲留给他的西西里岛房产修建了另外六座修道院。他专心研究历任教父的理念，潜心钻研《圣经》。579年，他作为教皇贝拉吉二世（Pélage Ⅱ）派出

---

[25] 圣彼得（Saint Pierre），天主教会认为他建立了罗马教会，是罗马教会的第一位主教，也就是天主教会第一任教宗。——译者注

格列高利圣咏与格列高利一世教皇

教皇格列高利一世（又称"格列高利教皇"或"圣额我略"）是 6 世纪末的主导人物。他不是神学家，而是一个编纂家，而且他的所有作品都体现了他对音乐的兴趣。

大约在 590 年，教皇格列高利一世下令以书面形式汇编古代基督教的赞美诗，这种诗体也称"交替圣歌"或"诗篇"——它们的起源可以追溯到地下墓穴时代的礼拜仪式，也称为素歌[26]。在此基础上诞生了以他名字命名的《格列高利圣咏》(Grégorien)。这

本赞美诗集体现了音乐形式与神学、哲学与历史之间的共通之处。后来圣咏集遗失了，只能在一些中世纪手稿中找到痕迹。庇护十世（Pie X）在担任教皇期间完成了现存材料的整理工作，索莱姆修道院的本笃会修士对其进行了修复。这本集子于 1902 年 11 月 22 日发行，名为"格列高利圣咏汇编"。插图：13 世纪的手稿，上面有音符和格列高利教皇的彩饰图（现藏巴黎国家图书馆）。

的特使前往君士坦丁堡，在那里学习外交技巧和帝国的政治。回到罗马后，他被罗马贵族选举为教皇，尽管拜占庭皇帝不是特别情愿。

就这样，格列高利一世（590—604 年在位）开始了 13 年半的教皇生涯，在

狮子的彩绘图标（第 64 页）

这是圣马克福音传教士的象征符号，出现在 8 世纪爱尔兰《埃希特纳赫[27] 福音》手抄本中（现藏巴黎国家图书馆）。爱尔兰在日耳曼人的土地上传教的风气，自出现后于 7 世纪后半叶至 8 世纪上半叶达到顶峰。修士圣威利布罗德（Willibrord）在卢森堡建立了埃希特纳赫修道院。

---

[26] 素歌（cantus planus），一种不分小节的无伴奏宗教歌曲。——译者注
[27] 埃希特纳赫（德语、法语：Echternach；卢森堡语：Iechternach），卢森堡东部一个具有城市地位的市镇。——译者注

历史上画下了浓墨重彩的一笔。格列高利一世是个光头，头形偏长，肤色黝黑，长着鹰钩鼻和栗色的稀疏胡须。他情感强烈，言辞温和，目标崇高，清心寡欲。他将自己的思想写进了《司牧训话》(Liber Pastoralis curae)。这是一部给主教的指导手册，是拉丁基督教的经典著作。他改革了教会的管理制度，禁止买卖圣物，并规范了俗间神职人员和教皇之间的关系。他改进了弥撒常典，整理了《格列高利圣咏》。他对神学最突出的贡献是著作《约伯记解说》(Magna moralia)，共6卷，注解《约伯记》，反映了原罪对人类生活的影响。他临终前病重，卧床不起。他不止一次地向家人吐露，他"迫不及待地等待死亡来临"。604年，死神把他带走了。他以堪比世纪初拜占庭皇帝查士丁尼皇帝的热情，统治了6世纪末的拜占庭。格列高利一世的政治对手，是不幸的莫里斯（Maurice）皇帝。他为了教会，不止一次向莫里斯争取从4世纪开始就属于帝国的职权。他取得了巨大的外交成就。他最重要的事迹，是支持坎特伯雷的奥古斯丁（Augustin de Canterbury），将仍处于萌芽状态的盎格鲁—撒克逊教会融入罗马天主教。他还给朋友塞维利亚大主教利安德（Léandre）寄去一件大毛氅（一般是教皇给大主教的），以表示他对生活在西班牙的西哥特阿里乌教徒改宗天主教的支持。

从利奥维吉尔德到雷卡雷德

西哥特托莱多王国在利奥维吉尔德（Léovigild，572—586年在位）统治期间，来到了历史上的真正转折点。利奥维吉尔德是虔诚的阿里乌教徒，为了统一古代罗马—西班牙王国的领土而发动了一系列战争。然而，伊比利亚半岛内外都有他的对手。苏维汇人零零散散地分布在今天的加利西亚西北部地区。巴斯克人则盘踞在坎塔布连山脉。西班牙—罗马贵族分布在中西部。南部有拜占庭人。北部有法兰克人。四面八方的天主教徒经常挑衅利奥维吉尔德的政权。他运用军事力量，没收反对派的财产，对他们实行"立即决处"[28]，实现了王国的统一。578年，他实现统一，开始着手处理宗教问题。

---

[28] 立即处决，指的是不通过审判，直接处决。——译者注

■ 群雄割据

西哥特国王列表

- 531—548年在位
  狄乌蒂斯（Teudis）
- 548—549年在位
  狄乌蒂吉斯克鲁斯（Theudigisel）
- 549—551年在位
  阿吉拉一世（Agila Ier）
- 551—567年在位
  阿塔纳吉尔德（Athanagilde）
- 567—572年在位
  利奥维斯一世（Liuva Ier）
- 572—586年在位
  利奥维吉尔德（Léovigild）
- 586—601年在位
  雷卡雷德一世（Récarède Ier）
- 601—603年在位
  利奥维斯二世（Liuva II）
- 603—610年在位
  维特里克（Wittéric）
- 610—612年在位
  贡德马尔（Gundomar）
- 612—621年在位
  希瑟布特（Sisebut）
- 621年在位
  雷卡雷德二世（Récarède II）
- 621—631年在位
  苏因提拉（Swinthila）
- 631—636年在位
  希森安德（Sisenand）
- 636—639年在位
  奇恩蒂拉（Chinthila）
- 639—642年在位
  图尔加（Tulga）
- 642—653年在位
  辛达斯文特（Chindaswinthe）
- 653—672年在位
  雷克斯文特（Réceswinthe）
- 672—680年在位
  万巴（Wamba）
- 680—687年在位
  赫尔维希（Ervige）
- 687—700年在位
  埃吉卡（Égica）
- 700—710年在位
  维提扎（Wittiza）
- 710—711年在位
  罗德里克（Rodéric）

当时，其子埃尔蒙涅吉尔德（Herménégilde）与法兰克公主因贡斯（Ingonthe）结婚。他受妻子影响，放弃阿里乌教派，在利安德大主教的帮助下改信天主教。他在塞维利亚改宗，于是，在当时阿里乌教派仍占主导的世界里，塞维利亚成了天主教的基地。利奥维吉尔德试图平息冲突，580年，他在托莱多召开了阿里乌教派和天主教的主教会议。会谈失败了。唇枪舌剑间，双方矛盾加剧。于是，他暂时搁置宗教问题，全力应对外患。他建立了维多利亚城，安置巴斯克人；收买帝国军队，让他们退居地中海东岸的殖民地；然后向塞维利亚进军，围攻了两年之后，塞维利亚投降了。他将儿子埃尔蒙涅吉尔德收监，之后转移到塔拉戈纳省监狱。不久，因为儿子依然坚持改宗，他下令将他处决。利奥维吉尔德于586年去世，他的儿子雷卡雷德（Récarède，586—601年在位）继位。

为了结束西哥特人的信仰分裂，雷卡雷德进行了一场真正的宗教革命。他在托莱多召开议会，有1/3的市民参加了这场会议。经过阿里乌教派和天主教各主教漫长的教义辩论之后，雷卡雷德最终确立天主教为正宗。他的决定得到在场所有人的认可：其中包括5位大主教、62位主教和许多贵族。

自此，随着天主教的影响力迅速扩张，天主教教会在王室政权中扮演了重要角色。比如，西

哥特国王的加冕仪式增加了一个出自旧约的仪式：新国王登上宝座之后，由主教为他涂圣油。这赋予了西班牙国王一种神圣的精神光环，在中世纪西班牙历史上具有重大意义。与此同时，贵族还是保留自由选举权，以防止形成世袭王朝。接着，维特里克（Wittéric）领导阿里乌教派起义，雷卡雷德的儿子利奥瓦斯二世（Liuva Ⅱ）被推上台。托莱多的第三届主教会议决定了西哥特王国未来一个世纪的命运。610 年之后，一个崭新的时代开始了。

雷卡雷德改宗

这幅画重现的是雷卡雷德改宗的历史场景，作者是画家安东尼奥·穆尼奥斯·德格拉因（Antonio Muñoz Degrain），完成于 1888 年，画作是华丽艺术风格[29]（现藏马德里参议院宫殿）。589 年，雷卡雷德改宗，放弃了他原本的信仰——西班牙王国西西里岛的大部分人信仰阿里乌教派——改信罗马天主教。他可能是受到了阿拉里克二世（Alaric Ⅱ）故事的影响。阿拉里克二世在武耶战役中被天主教徒克洛维（Clovis）击败。

[29] 华丽艺术（art académique /art pompier），19 世纪出现的艺术流派。——译者注

群雄割据

612 年，希瑟布特（Sisebut）登基。他堪称最果断的西哥特国王。希瑟布特既是一名出色的将领，又是一位记叙圣人生平的虔诚教徒。他的作品体现了完全的罗马化。不过，他也不是完美无瑕。比如，他做过一些令人费解的决定，其中最有争议的是他对犹太人的迫害，迫使成千上万的犹太人逃离到法兰克王国。他的继任者在这个微妙的问题上采取了更为谨慎的政策。

雷卡雷德二世（Récarède II）仅仅在位几天就死了。苏因提拉（Swinthila）征服了伊比利亚半岛的其他拜占庭领土。希森安德（Sisenand）在塞维利亚的圣伊西多禄（saint Isidore de Séville）的领导下，召开了托莱多第四届主教会议，确立了主教和贵族自由选举国王的原则，以此巩固了教会权力。

辛达斯文特（Chindaswinthe）强化了王室的权力。他的儿子雷克斯文特（Réceswinthe，653—672 年在位）为艺术和文化注入了新活力，虽然他继续迫害犹太人。是他颁布了《西哥特法典》（Liber Judiciorum）[又称《审判法》（Fuero Juzgo）]，这部领土法适用于西哥特人和罗马人。不过，这部法律未能避免国王选举的规则。王权的挫败导致各党派林立，强有力的中心权力缺失。当时的西哥特大地主，也就是从者众多、手握重权的军事贵族，为了限制国王的权力，不择手段。7 世纪西班牙西哥特王国这种政治斗争激烈的现象，被称为"哥特病"（morbus gothorum）。

不列颠的王国

盎格鲁—撒克逊人向基督教的转变，首先在肯特王国发生，该地区受大陆影响最深，也最能理解福音书的含义。查乌林（Ceawlin）倒台后，肯特王国的埃塞尔伯特（Æthelberht，560—616）战胜其他角逐者，赢得"大不列颠统治者"（Bretwalda）的头衔。

埃塞尔伯特因此得以举办一场基督教历史上著名的婚礼。他选择了巴黎王国的贝尔特（Caribert de Paris）的女儿贝莎（Berthe）为妻。这位法兰克公主既虔诚又美丽。与贝莎一同抵达的，还有一列声名远扬的随行人员，其中有一位天主教的主教。这行人为王室改宗开辟了道路。教皇格列高利一世也出了力，他派了本笃会修士奥古斯丁（Augustin）作为使节来到不列颠岛上。他们合力说服了肯特国王埃塞尔伯特相信改宗的益处。他的追随者都效仿他受洗，其中包括东英吉利的雷德沃尔德（Rædwald）和埃塞克斯的萨伯赫特（Sæberht）。

肯特的教会由坎特伯雷第一大主教、传教士奥古斯丁管理，在罗切斯特和伦敦都建立了教会，然而两地对于采用罗马教会仪式，还是凯尔特教会仪式，犹豫不决。几年间，矛盾加剧了。争论点都是一些鸡毛蒜皮的问题，例如剃度：凯尔特教会提倡剃掉前面的头发，而罗马教会则要求把头发剃成冠状的圆形。616年，肯特国王埃塞尔伯特去世，将王位传给了侄子东英吉利的雷德沃尔德，后者迅速控制了亨伯河口南部。在征战不断的时期，他的一个继任者下令在伦德尔舍姆王宫附近建造萨顿胡陵墓。神奇的是，后来人们在萨顿胡挖掘出一堆属于某位"大不列颠统治者"（撒克逊国王）专用的武器、器皿、装饰品和徽章。7世纪初，威塞克斯王国、麦西亚王国和诺森比亚王国在当时成为英格兰的大国，这三个国家疆域最辽阔，对于战士也最具吸引力。

在诺桑比亚地区，国王埃德温（Edwin，616—633年在位）联合了几个高卢民族，组成了一支庞大的舰队。他成了第五个"大不列颠统治者"。这支舰队的军旗名叫"图法"（tufa），与在东英吉利古墓中发现的国旗相像。他最重要的事迹是振兴自埃塞尔伯特时代以来日渐衰落的基督教。贤人会议[30]在全体会议上针对这次草率的改宗进行了辩论。这是个长期的议题，将左右之后几十年英格兰的政治生活。

而在麦西亚王国，潘达国王（King Penda）则极力反对改宗。潘达国王是一代枭雄，征服了从亨伯河和华盛顿河到切斯特和赫里福德的辽阔领土。他在塔姆沃思建都。在此期间，威塞克斯向西扩张，直到形成今天仍属英国的"西郡"[31]地区。不过，根据7世纪的《伊尼法典》（*Ine's Law*），威塞克斯土地所有者

---

[30] 贤人会议（witan），盎格鲁-撒克逊时期英格兰一种重要政治机制。——译者注
[31] 西郡（West Country），英格兰西南部的一个地区，通常包括康沃尔郡、德文郡、多塞特郡、萨默塞特郡，有时也包括格洛斯特郡和威尔特郡的部分地区。——译者注

萨顿胡出土的盎格鲁—撒克逊珍宝

萨顿胡冢位于英格兰东南部萨福克地区,其挖掘发现成果非常丰富。1939年,人们在萨顿胡发现了一个罕见的盎格鲁—撒克逊宝藏,一共有263件古物,包括剑、矛、银餐具、硬币、金币、带扣等。此前,考古学家巴西尔·布朗(Basil Brown)挖掘出了一艘27米长的大船残骸。之后在一号冢发掘出了这些殉葬品。下图是一个完整的铁制头盔,装饰着镀锡的青铜板。这个头盔是这批古物的重要发现之一。这件珍宝产于6世纪,根据对宝藏的研究发现,这个墓穴属于东英吉利的雷德沃尔德(600—624年在位)。萨顿胡宝藏现藏伦敦大英博物馆。

头盔上装饰着半自然主义风格的雕刻图案,描绘的是古代英雄的场景。最具特色的是跳舞的勇士。上面雕刻着两名手持短剑和长矛向空中挥舞的战士。

面具的眉毛部分由青铜制成,镶嵌有银线和石榴石。眉毛两端各有一个野猪头的图像,象征着力量和勇气。

头盔的面板饰有动物风格的图案(动物的解剖元素形成交错的线条和形状)。

银碗 这套餐具共包含十个银质的碗和勺子。每一件餐具都有相同的装饰,上面饰有十字架的图案,中央点缀着花卉图案。

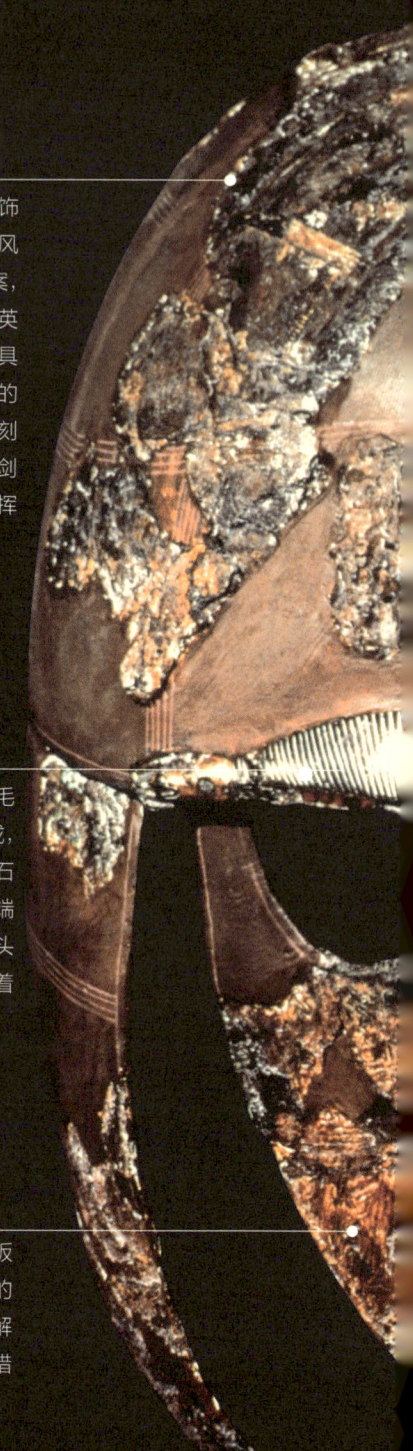

这枚头盔因为墓室倒塌而损坏。自它被挖掘以来，工作人员进行了各项复原工作。这张照片是大英博物馆馆长奈杰尔·威廉姆斯（Nigel Williams）于1971年拍摄的。

两个镀金龙头汇集在鼻子处，和眉毛一起形成龙的轮廓，贯穿整个面具。

个人饰品和皇家殉葬品

殉葬品按照非常严谨的顺序排列。日常用品置于东面的墙壁；对面，则是装饰品和武器；中心是私人物品。

皮带扣 扣子由黄金制成，浮雕设计精致繁复，雕刻着蛇和其他神话动物交缠在一起的图案。

美妙绝伦的盖子 它原本是皮革钱包的外封。象牙底板上镶嵌有金、玻璃和蓝石榴石等装饰元素。

的等级仅为撒克逊人的一半。这部法典规定了不列颠人和撒克逊人的"偿命金"（wergeld）：不列颠人的生命价值是撒克逊人的一半。从这个意义上说，拥有同等财富的移民地主和土著地主的"命价"的差距，似乎是后者完全消失的根源。

改宗对这三个大国的历史都产生了重大影响，这也是塔苏斯的西奥多（Théodore de Tarse）的到来尤为重要的原因。塔苏斯的西奥多被教皇维塔利安（Vitalien）任命为坎特伯雷大主教。这个博学多才的希腊人抵达不列颠岛，宣称他的目标是加强英格兰各教会之间的联系，使之成为一个统一而纪律严明的教会。673年，他在哈特福召开主教会议，明确提出自己的行动纲领，得到了众多贤人的支持，他们包括非洲修道院院长阿德里安（Adrien）、北方大国诺森伯利亚的波斯哥（Biscop）、可敬者圣比德等。随着时间流逝，教士在混沌未开的英格兰开辟出一片文化的绿洲。

此外，国王实行领土的"海德"（hide）税制。一海德代表一个家庭所需要的地产，也就是"一家之地"（terra unius familiae）。例如，麦西亚王国估计有12000海德，分为7000海德和5000海德两部分，以此为基础向国王和神职人员缴纳贡赋以及招募士兵。

斯拉夫领土的建立

6世纪中叶，生活在易北河和维斯瓦河之间中欧地区的斯拉夫民族开始扩张。他们的扩张覆盖到全球性范围。有一本匿名作品，名为"多瑙河以北城市和地区描述"（Descriptio civitatum et regionum ad septentrionalem plagam Danubii），后人猜测其作者是一位巴伐利亚地理学家，书中证明了当时该地区已经存在斯拉夫人。

斯拉夫人的迁徙与南部发生的迁徙非常相似。547年至548年，来自多瑙河的大量掠夺者占据了从伊利里亚到亚得里亚海的港口底拉西乌姆[Dyrrachium，即都拉斯（Durrës）]的地区。作家普罗科匹厄斯记录，这些人攻破了许多重兵把守的要塞，这是前所未见的。

斯拉夫人受到前期军事胜利的鼓舞，开始往塞萨洛尼基方向越过巴尔干地区向内陆进一步扩张，并一举拿下了塞萨洛尼基。6世纪中叶，当时最著名的作品之一《莫奈姆瓦夏[32]纪事》(Chronique de Monemvasia)，证明了这些掠夺者就是征服伯罗奔尼撒的斯拉夫民族。只有东部沿海地带没有被斯拉夫人占领，还隶属拜占庭帝国。

显然，迁徙已经成为斯拉夫民族的传统习俗，以至于一旦他们听闻了哪个周边国家，就会过去占领它。614年，拜占庭军队失利，斯拉夫人趁机大规模迁徙。帝国的达努比边境全面彻底崩溃，斯拉夫人殖民了整个地区。《圣德米特里的奇迹》(Miracles de saint Démétrius)表明，7世纪中叶，斯拉夫人在斯特里蒙河地区建立了一片广阔的殖民地。

马其顿和北部邻近地区也经历了斯拉夫人的扩张，至今仍可以在塞尔维亚和克罗地亚的各个遗址——巴卡尔、蒙塔克、奥西耶克、斯捷涅瓦茨、温科夫奇——看到斯拉夫人的痕迹。在更东边的色雷斯，人们也发现了斯拉夫人曾经居住的痕迹。

这些斯拉夫部落，最终在一片新月形的地区定居下来。这片地区位于多瑙河平原，周围是高原，中间是之后的保加利亚中心区。结合614年边界地带的瓦解，有许多地方可以证实这一假说。后来，随着保加利亚人的到来，局势发生了变化。保加利亚人的祖先是游牧民族，讲突厥语，对斯拉夫民族广阔的殖民地虎视眈眈。

630年至635年，可汗库布拉特（khan Koubrat）领导保加利亚民族组建了一支强大的游牧军队，驻扎在靠近普鲁特河和德涅斯特河的高加索山脉北部，他们所在的地区被当时的拜占庭历史学家称为"大保加利亚"（Grande-Bulgarie），今天通常称为"欧诺古尔"（Onogurie）。其首都大致位于塔曼半岛上的前希腊殖民地法纳哥里亚。

---

[32] 莫奈姆瓦夏（Monemvasia），希腊城市。——译者注

6世纪的斯拉夫人迁徙

斯拉夫欧洲形成的时间不长。在罗马时代,易北河和维斯瓦河之间的领地由讲日耳曼语的民族统治。当时,巴尔干地区属于拜占庭帝国。然而,随着斯拉夫人的扩张,这种情况在 6 世纪和 7 世纪发生了变化。

斯拉夫语是现代欧洲最重要的语种之一,形成于 6 世纪。从那时起,在草原民族阿瓦人入侵之后,斯拉夫人便迁居欧洲的广大地区,直到占领了和今天讲斯拉夫语的国家版图一样大的广阔地区。拜占庭编年史家的著作记载了斯拉夫人在巴尔干地区的进攻。他们记录的第一次大举进攻,发生在 547 年至 548 年,在多瑙河流域,随后又发生了其他几次进攻。从那时起,欧洲的斯拉夫化就成为事实。尽管斯拉夫欧洲的创建和形成具有重要的历史意义,但今天很难再还原其具体过程。这主要是由于没有任何史料可以连贯地解释这段历史,我们只能通过间接的资料,尤其是考古学的发现来了解它。

爱尔兰避难所

在 6 世纪中叶,爱尔兰代表了古典文化的最前沿。从阿尔玛(Armagh)修道院、基尔代尔(Kildare)修道院到克朗马克诺伊斯(Clonmacnoise)修道院(建于 548 年)可以看出,时代需要像传教士帕特里克(Patrick)这样有着坚定信仰的人。一个多世纪前,帕特里克为了宣传基督教来到了爱尔兰岛。当时局势艰难,许多基督教文人效仿埃及的隐修士选择了归隐。他们选择了隐修的生活方式,建立了数十座相互独立的隐修院,在里面

大保加利亚 6世纪斯拉夫迁徙最终巩固了大保加利亚克鲁姆可汗的地位。大保加利亚起源于库布拉特可汗的游牧联盟。上图是《斯基里泽斯手抄本》（Codex de Skylitzès）中的彩饰画，描绘了克鲁姆可汗和拜占庭皇帝米海尔一世（Michel Ier）（现藏马德里国家图书馆）。

专注身心修行。有一首古爱尔兰语匿名诗，讲述了帕特里克的门徒勒马纳汉的马尚（Machan de Lemanaghan）的日常，揭示了这个隐修世界。另一个例子是6世纪最著名的隐士之一格伦达洛的凯文（Kevin de Glendalough）。有传说详细地描述了他在海边一处悬崖边的苦行。随着时间的流逝，隐士开始接收门徒，甚至包括凯文（Kevin）。修士最初的隐修转变为聚居的修道院模式。

爱尔兰人利用隐修来改善文盲的情况。当时，他们唯一认识

格伦达洛，最早的修道院

在爱尔兰语中，格伦（glen）是指由峭壁形成的山谷。因此，格伦达洛（Glendalough）的意思是有两个湖泊（loughs）的幽谷。据说在6世纪，隐士凯文决定到最远的湖边去，因为那里最远离俗世，最清冷。

凯文在这个荒无人烟的地方生活下来，住在岩石洞里。他冬天出门裸身浸入冰冷的湖水，夏天则在有毒的荨麻丛中翻滚。他建造了一座修道院。修道院经历过无数次掠夺，在775年至1071年至少被烧了9次。

插图　上图为威廉·亨利·巴特利特（W. H. Bartlett）画的修道院废墟（约1841年）；右图为今天的格伦达洛修道院，其圆柱塔是6世纪的建筑唯一的遗迹。教堂的历史可以追溯至11世纪。

的文字是史前的欧甘字母（Ogham），这种文字由罗马字母的线条交错组成，爱尔兰人将欧甘文字认真地雕刻在巨石的角上，成为石碑。这种类似如尼字母[33]的铭文一直持续到11世纪。然而，从这上面很难想象，接下来两代爱尔兰教士会发生什么。在很短的时间内，他们掌握了拉丁语、希腊语甚至希伯来语，并将当地的口头文学写进了手抄本，创作了爱尔兰英雄的史诗，例如国王库胡林（Cúchulainn）出征并遇到爱情的故事。

---

[33]　如尼字母（Runes），也译鲁纳斯、鲁纳、卢恩符文等。它是古代的北欧古文字母，即古斯堪的纳维亚文字。——译者注

　　爱尔兰教士从习字初期就体现出某种美学追求,这种美感体现在所有羊皮纸上的字符、象形文字和字母中。爱尔兰教士在手抄文本的过程中,发明了两种书法:一种是被称为"大写"(majuscule)或半安色尔字体[34]的圆角书写体,另一种是更流畅也更易辨认的小写字母。公元前3000年左右建于爱尔兰的博因宫巨石墓上,刻有爱尔兰人的彩绘装饰字母,与英格兰的巨石阵(Stonehenge)有着异曲同工之妙。没有直线,只有曲线。

[34] 半安色尔字体(semi-onciale),古代用于手抄本上的一种大型圆形字体。——译者注

群雄割据

《凯兰书卷》，爱尔兰艺术的瑰宝

爱尔兰手稿装饰精美，是欧洲文献的瑰宝。它们采用抄本的形式，长大于宽，格式类似当今的书籍。最著名的手稿是《凯兰书卷》（*Livre de Kells*），或称《传教士圣高隆传》（*Grand Évangéliaire de saint Colomba*）。

在 9 世纪中叶，最重要的一批福音派手稿流落到了凯兰修道院。有一本手稿源自林迪斯法恩修道院，曾受到敌人进攻的威胁，最终从维京人在爱尔兰修道院的掠夺中幸存下来。它就是《凯兰书卷》，此后它一直保存在都柏林三一学院（Trinity College Dublin）的图书馆中，被 12 世纪编年史家巴里的杰拉德（Giraud de Barri）惊叹为"天使而非凡人的作品"。"手抄本"（codex）最早出现在中世纪早期爱尔兰修道院的抄经室，这个词最早用来指代我们今天的书籍，与之前的"卷轴"（rouleau）相区别。《凯兰书卷》的作者可能是圣爱当（Aidan）的继任者埃德弗里斯（Eadfrith），他是林迪斯法恩的修道院院长。《凯兰书卷》是爱尔兰人传承其他民族（比如撒克逊人）的书写艺术的巅峰之作。上图为《凯兰书卷》书页（现藏都柏林三一学院）。

爱尔兰人还发明了今天"书"的前身——抄本。抄本的框架与卷轴不同，竖排版优于横排板，写在以鞣制的羊皮制成的羊皮纸上。爱尔兰盛产羊皮。用牛皮制成的牛皮纸晒干后白得更均匀，因此用于抄写更珍贵的文本。

爱尔兰艺术最珍贵的结晶是《凯兰书卷》抄本，其中包含四卷福音书，誊写在羊皮纸上，由凯兰（米斯郡）或爱奥那岛的修士彩绘而成，现藏都柏林三一学院。12世纪编年史家巴里的杰拉德将它描述为"天使而非凡人的作品"。

其时，隐修士所生活的世界充斥着部族冲突，每个部落都觊觎着整个爱尔兰领土的统治权。塔拉（Tara）王国于7世纪重新成为爱尔兰岛的政治中心。然而，根据米留克（Miliucc）国王的纪事记载，爱尔兰分裂成几个小国（coiced），它们取代了"至尊王国"塔拉王国。所有氏族都虎视眈眈，其中就包括大名鼎鼎的科内尔·康奈尔家族（Cenél Conaill）。科内尔·康奈尔家族的祖先是尼亚尔·诺伊亚拉赫（Niall Noígíallach），他是帕特里克传教中的"旧时代"英雄，阿马的蒂雷尚（Tírechán d'Armagh）也歌颂过他。

苏格兰修道院体系

大约在563年，爱尔兰福音传教士圣帕特里克去世一个世纪之后，圣高隆（saint Colomba）出发前往苏格兰的爱奥那岛。圣高隆在爱尔兰被称为"教堂的鸽子"（Colum Cille），他于521年12月7日出生于爱尔兰多尼戈尔郡的嘉顿皇家庄园。他是科内尔·康奈尔家族的重要成员，确切地说是一位王子。无论如何，他的一位后裔，北方王国的伊尼尔（Uí Néill）国王是这样描述他的。

圣高隆本来有机会成为国王，但他选择成为一名修士。他在爱奥那修道院的继任者之一，学者阿德曼（Adomnan，627—704），大约在697年记载了他的生平，显示他年轻时去过高卢（Gaul）参观图尔的圣马丁（saint Martin de Tours）墓，对那里修道院的戒律表现出浓厚的兴趣。返回爱尔兰后，不到40年的时间里，他修建了德里、杜罗、凯兰等50多座修道院。他是圣人，也是一名战士，是动荡不

■ 群雄割据

爱奥那修道院

位于苏格兰西北海岸的同名岛屿上，由圣高隆建于6世纪，多次被维京人焚毁，于11世纪和12世纪重建。上图是12世纪的大教堂。

安的时代的裁判。他情感激烈，常常与他人争吵，最后甚至采取武力手段。他的态度和故事充满传奇色彩，体现出了6世纪解决冲突的典型方式。

圣高隆博学多才，喜欢书籍，并决心致力于书籍的保护。他开始用羊皮纸誊抄旧手稿，为此不惜一切代价。他为了保护珍贵的手抄本，反对国王迪亚米德（Diarmait）对手抄本的控制，甚至不惜与他开战。国王迪亚米德抢走了圣高隆一本珍贵的手抄本，并对他恶言相向："小牛属于母牛，所以抄本属于原稿。"[35] 现在人们认为这本书很可能是现存最古老的彩绘手稿《杜罗之

---

[35] 书的原稿属于迪亚米德。——译者注

书》（Livre de Durrow）。它代表了爱尔兰彩绘艺术的最高水平，尤其是书中福音传道士的图腾。面对这种侮辱，圣高隆这位科内尔·康奈尔家族的后人怒不可遏。561年，他召集族人，在库尔·德雷姆尼（Cúl Dreimne）的血战中击败了迪亚米德。他也因此赢得了"冠军"（nia）的称号。

但是，圣高隆被指控发动战争，被革除教籍。他50岁时，不得不离开爱尔兰去苦修。565年，他来到赫布里底的爱奥那岛西海岸，也就是现在所说的苏格兰。同年，拜占庭皇帝查士丁尼在君士坦丁堡去世。人们将以下历史场景命名为"白色殉道士"：早晨白色的天空下，圣高隆驶向未知的大海，再也没有回来。此后，他将爱尔兰修道院的传统带离了自己的故乡，并在异乡大获成功。

圣高隆来到苏格兰时，发现生活在这里的皮克特人对书面文化兴趣寥寥。不过，他也发现这里还有一小群爱尔兰教士，他们将所有的时间用来修行、祈祷、耕种，还誊写了许多书稿。

圣高隆用极短的时间修建了一座五脏俱全的爱奥那修道院：每名教士一间小屋；院长有单独一间稍大一点的屋子，建在天然土丘上；一间食堂、一间厨房、一间誊写室（抄写手稿的房间）和一个图书馆、一个锻造炉、一个炉子、一个磨房、两个粮仓以及一座朴素的教堂。还在扩建！后来修士还需要一个待客区。几年下来，慕名前来的村民越来越多，有的来聆听训导，有的来学习，有的就是喜欢待在这里。爱奥那修道院开创了修建修道院的风气。

圣高隆逝世时，他已经在苏格兰锯齿状的小岛和高地上建立了60个修道院。修士达到了3000多名。随后，许多神职人员离开爱奥那去传道，其中包括著名的航海家布伦丹（Brendan，传说中的圣布伦丹）。570年，他旅居冰岛、格陵兰和其他地方。他的这段旅居经历，是创作于多个世纪之后的《圣布伦丹航海记》（Navigatio Sancti Brendani）的原型。这是中世纪最著名的作品之一。与圣布伦丹一起的还有一群使徒，他们或是传教士，或是隐修战士，共同追寻科内尔·康奈尔王子圣高隆的足迹。爱尔兰即将向欧洲大陆开放。

群雄割据

圣布伦丹和同伴的海上历险传奇

在圣高隆和圣高隆邦（Saint Colomban）的教徒传统中，圣布伦丹是 6 世纪最伟大的爱尔兰福音传教士之一。563 年，他在高威地区建立了克朗弗特修道院，担任修道院长，直到 577 年，他在此去世并埋葬于此。

正如那个时代的许多其他教士一样，圣布伦丹和同伴在皮革制的嵌缝小船上传福音。爱奥那的阿德曼（Adomnan d'Iona）是《圣高隆生平》（Vie de saint Colomba）的作者，该书写于圣布伦丹逝世后，根据他的记载，圣布伦丹一直航行到爱奥那和法罗群岛。从历史上看，他的追随者抵达了冰岛，甚至格陵兰岛，并在那里成立了新的隐修团，后来的挪威殖民者就是循着他们的足迹来到这个地区的。不过，关于圣布伦丹最著名的传说，还是他抵达"上帝应许给圣徒之地"的历险事迹。他从一个曾去过"上帝应许给圣徒之地"的修士巴林斯（Barinth）那里，听说了这个地方。这个传奇故事在 11 世纪从口头传说演变成文字故事，在中世纪被写成了著名的《圣布伦丹航海记》，讲述了圣布伦丹和同伴如何在海洋上流落了 7 年，先后去了奇妙的岛屿、海怪和罪人居住之地，终于到达了有福者的天堂。插图：《圣布伦丹航海记》的插图页，摘自13 世纪手稿（现藏伦敦大英图书馆）。

圣高隆邦的使命

后来踏上欧洲大陆的，是爱尔兰人圣高隆邦。540 年左右，圣高隆邦出生于伦斯特省。他在班戈尔修道院当了 25 年的修士。当时班戈尔修道院之外充斥着对基督教的恐怖敌意。根据爱尔兰的习俗，他为一个贵族当"读者"（fer léighinn），也就是专门阅读拉丁文的专家，这是当时的新兴职业。然而，怀着对宗教知识的渴望，他决定离开家乡去一个传统的基督教国家。

圣高隆邦按照传统，带领 12 名使徒于 585 年抵达高卢。显然，他在效仿 70 年前抵达赫布里底群岛的圣高隆。他到达了一个基督教国家，但在他看来，这里缺乏"忏悔药"（medicamenta paenitientia），也就是没有补赎罪恶的苦修戒律。于是，圣高隆邦在孚日省建立了三个修道院——安格里、丰坦纳和勒苏伊。就这样，他开始了异乡的生活。

590 年至 610 年，这位爱尔兰修士在吕克瑟伊居住了 20 多年，他推行严格的清规戒律，包括对过失者进行严厉的体罚，通常是鞭笞。比如，在圣诗开始时咳嗽，弥撒之前忘记清洁指甲，圣餐期间牙齿碰触圣杯，抽打六下；祷告迟到，抽打五十下；参与打架斗殴，一百下；与女性讲话亲昵，两百下。

尽管圣高隆邦管理严苛，但门徒接踵而至，其中不乏贵族子弟。这些人以面包、蔬菜和水为生，开垦荒山，耕耘田地，播种收割，禁食祈祷。圣高隆邦在修道院实行"永远赞美"（laus perennis）的制度：修士不分日夜，轮流向耶稣、圣母马利亚和圣徒吟诵祈祷词。不过，圣高隆邦对福音书的诠释与大主教相冲突；极度严苛的修道院戒律也与本笃派背道而驰。当时高卢的主教仍然沿袭大城市的旧罗马模式，以此维持教会与国王的关系。高卢教会的神职人员识字，却不懂思考，他们从未想过走出整洁干净的街道，深入乡村。根据他们的说法，基督教是属于城市精英阶层的宗教，与农民无关。圣高隆邦的观点与他们相反。他被召集参加索恩河畔沙隆（Chalon-sur-Saône）主教会议澄清他的立场。当然，他没有参加会议，而是给高卢的神职班寄了一封充满讽刺意味的信。这封信激起了教会人员的愤怒，他们向统治勃艮第地区的西哥特布伦希尔德皇后寻求支持。最后，圣高隆邦不得不逃离该地

■ 群雄割据

圣高隆邦

博比奥修道院圣高隆邦石棺的大理石浮雕，作者是雕刻家乔瓦尼·德·帕特里阿奇（Giovanni dei Patriarchi，约1480年）。它重现了教皇霍诺里乌斯一世（Honorius Ier）对修道院主教赦免司法裁判的情景。

区。走之前，他不忘留下最后的痕迹，在卢尔建了一座新的修道院。

圣高隆邦想取道南特前往爱尔兰，但途中船沉了。这次挫折使他陷入思考。他将之解读为继续使命的启示。随后，他去了东南部，目的是向巴伐利亚的异教徒传道。他越过阿尔卑斯山，中途在布雷根茨附近康斯坦茨湖上的阿尔邦[36]停留下来，因为他的同伴，日耳曼语专家教士圣加仑（Gall）病倒了，拒绝再与他往前走。

圣加仑在阿尔邦建立了一个大型修道院，至今仍以他的

[36] 阿尔邦（Arbon），瑞士的城镇，位于瑞士东北部。——译者注

名字命名。圣加仑的态度令圣高隆恼羞成怒，他独身继续前行，来到伦巴第平原。在伦巴第国王阿吉卢尔夫的支持下，他在612年（可能是613年）建立了博比奥修道院，这是第一所意大利—爱尔兰修道院。不久，他的敌人布伦希尔德皇后被法国贵族废黜并处决，纽斯特里亚王国的克洛泰尔二世邀请圣高隆邦重回吕克瑟伊，并授予他荣誉称号。圣高隆邦拒绝了，他在博比奥修道院度过了余生。

在生命的最后几年（他去世于615年），圣高隆邦对自己执拗的性格感到懊悔。他将自己的权杖寄给门徒圣加仑，当年圣加仑决定留在康斯坦茨湖上时，他对圣加仑大发脾气。他还与教宗博尼法斯四世（Boniface Ⅳ）通信，批评他的懒散对教会有害。他谈论起教会那段他曾认为混乱不堪的历史，语气变得嘲讽、戏谑，甚至滑稽。无论他后来变得如何，也无论圣高隆邦性格如何，这位爱尔兰人都为修道院运动奠定了基础，许多为他致敬而修建的修道院，久而久之，成了重要的欧洲城市——瑞米耶日、欧塞尔、拉昂、吕克瑟伊、列日、特里尔、维尔茨堡、雷根斯堡、雷诺、莱茵瑙、赖谢瑙岛、萨尔茨堡、维也纳、圣加仑、博比奥、菲耶索莱和卢卡等，就不一一列举了。每修建一座修道院，就伴随着一间抄经室（scriptoria）的诞生，修士在其间抄写从爱尔兰传来的经书。

各地的圣高隆邦门徒勤奋好学，珍爱制作精良的书籍，他们复兴了古典文化，为欧洲的未来指明了方向。

档案：西哥特艺术

档案：西哥特艺术

西哥特人创造了精美绝伦的艺术风格，体现在 5 世纪至 9 世纪的建筑、雕塑、浮雕和金银制品中。

西哥特艺术最早由 5 世纪的伊比利亚半岛上的西哥特人所创。到了 9 世纪，摩萨拉克人为躲避阿卜杜勒·拉赫曼二世（Abd al-Rahman Ⅱ）统治的科尔多瓦酋长国的迫害而外逃伊比利亚半岛，西哥特艺术开始与外来的阿斯图罗—利昂人以及摩萨拉克人的艺术相融合。西哥特艺术的发展时间漫长，缺乏明确的风格定义，使之成为一种"无目的发展"的文化，西哥特艺术最伟大的作家曼努埃尔·戈麦斯·莫雷诺（Manuel Gómez Moreno）这样说道。

西哥特艺术的辉煌高峰发生在 7 世纪，也就是塞维利亚的圣伊西多禄所描述的文化发展时代。然而，近年来，人们对一些所谓西哥特艺术的主要代表作品，重新进行认真研究，对其中很多作品的年份和影响地域提出了质疑。有人指出，早期基督教风格的大教堂格局，

雷克斯文特的许愿皇冠的细节图 这件金器饰有蓝宝石和珍珠（现藏马德里国家考古博物馆）。

金银制品

西哥特人特别讲究金银制品的工艺。从前生产礼拜用的圣壶和圣盘的工场在 7 世纪开始生产小胸针，胸针简化了 6 世纪的纯日耳曼式样式，底板上装饰的圆环镂空，添加了东方拜占庭图案。青铜胸针形状各异，上面饰有宝石和镶嵌的玻璃马赛克，体现了饰品的工艺质量。除了流行的青铜器作坊外，托莱多政府还鼓励生产铝制品，王室拥有自己的作坊和独特的铝制工艺，人们注意到，不管是进口的仿制品，还是来自外国的金银制品，这些铝制品都体现出拜占庭的深重影响。托雷多西梅诺（哈恩省）的十字架宝器就是一个很好的例子。

鹰形胸针 这款金制胸针来自阿洛维拉，采用镶嵌工艺。

87

■ 档案：西哥特艺术

西哥特建筑

　　西哥特建筑使用整齐划一的石头筑成，采用马蹄形拱门、筒形拱顶或十字形拱顶，以及拜占庭风格的小圆顶。马蹄形拱门比安达卢西亚（andalou）的阿拉伯式拱门更开放，因为它们的上表面（拱门的外侧）从圈石接缝垂直落到过梁上，而且不遵循下表面（内侧）标记的曲线。另外，这些拱门通常负重较大，也就是说，两个连续的拱门共用相同的起始梯级或过梁。边缘穹顶也具有明确的特征，加强筋用砖加固，形成了所谓的圆顶穹顶。教堂各式各样，都采用了基督教大教堂的格局，有时会增设一个大的耳堂，这样接近拉丁式的十字形格局，例如帕伦西亚的圣胡安·德巴尼奥斯教堂（由雷克斯文特建于 661 年）。此外，受到拜占庭风格的影响，希腊的十字形格局被视为非常正统。具有此类格局的建筑物通常带有肋骨拱顶，例如奥伦塞的圣塔孔巴·德班德教堂，其历史可追溯至 7 世纪，其内部饰有旋形花纹，这种图案后来用于阿斯图里亚斯建筑。

　　插图　上图为圣佩德罗·德·拉纳维教堂的内部；右图为西哥特式柱头（现藏科尔多瓦考古博物馆）。

88

圣塔孔巴·德班德教堂（建于 8 世纪） 它是希腊式十字形格局，呈矩形，由教堂和门廊构成。

可以追溯至 711 年之前，而且 9 世纪和 10 世纪的伊斯兰教艺术活动中心对一些基本浮雕作品的创作，具有非常重要的影响。

辉煌的艺术

西哥特人创造了结实坚固的建筑，根据其建筑元素以及浅浮雕的广泛运用来看，可以说这是西罗马时代最先进的建筑之一。但是，要说西哥特艺术最重要的代表作，无疑还是金银制品。金银制品中除了数量众多的青铜胸针外，还不得不提国王加冕时的许愿皇冠。此外，还有许愿十字架、戒指和其他青铜器物等。

档案：西哥特艺术

北非的影响

西哥特艺术受到北非艺术运动的巨大影响，比如当时流行的带双半圆后殿的大教堂。葡萄牙南部的梅尔托拉大教堂建于5世纪，应该是半岛上最早的双半圆后殿教堂之一。位于梅里达附近的卡萨埃雷拉大教堂，保留得最为完整，结构设计最为精良。这所教堂保留富有构造艺术的礼拜式的雕塑遗迹，年份与大教堂相近，体现了6世纪西班牙半岛早期的美学风格。建筑的线条和装饰物，包括简约的植物和几何图形，以及奇异的动物图案，都十分引人注目。从考古的角度研究这些建筑，可以观察到诞生于古基督教艺术晚期的新美学风格。建筑的几何图形也体现出与北非的密切关系。模压砖上面主要是一些中心对称符号，比如现藏科尔多瓦市考古博物馆或苏塞（突尼斯）考古博物馆中的砖块。这项技术孕育了莱昂、杜罗盆地和拉腊地区的石碑，来自这些地区的双面或磨出斜边的石碑上面的符号和使用的技术，与西哥特时期一些浮雕别无二致，即使后者的书写样式比较原始，采用的是史前字符。不过，在具体情况下，如前面提到的砖块，还是可以看出二者的联系。西哥特时代使用的这些形似星星的中心对称符号，蕴含基督教的意义。比如梅里达的卡萨埃雷拉大教堂发现的祭坛，就用了十字架和基督代替六角星。另外，这些几何图案大多数是连续组合图形，起源于罗马镶嵌画，图案有无数组合，形状与梅里达的水槽上的鱼类和水生动物的图形相似。研究西哥特美学的起源时，发现这些艺术作品有着很强的地域传承性。

拜占庭的影响

历史学家发现西哥特艺术也受到拜占庭文化的影响，这一点可以从历史层面得到解释。551年，查士丁尼大帝派遣一支军队前往西班牙，支援起兵攻打阿吉拉一世（Agila Ier）的阿塔纳吉尔德（Athanagilde）。阿吉拉一世战败，被杀，阿塔纳吉尔德登上了王位。作为与查士丁尼大帝交换援助的条件，他不得不割让贝蒂卡和塔拉科纳伊斯省的一部分领土。拜占庭人一直在这里居住，直到624年，西哥特人

金塔尼亚·德·拉斯维尼亚斯的圣玛丽教堂

  该教堂的修建可追溯至 7 世纪末。现在教堂只保留原始建筑的一部分，矩形的唱诗室后殿和耳堂合并到一起，中殿和两侧中殿都不见了。它采用大教堂格局，由切割齐整的石块筑成，带有一个拱门，教堂由拱门通向交叉甬道。里面呈马蹄形，表面则呈半圆拱形。从拱石可以推断出小教堂顶部是一个采用方形格局的球形拱顶。人从"凯旋门"穿过后，可以从交叉甬道到达教堂，拱腹装饰着簇簇枝叶、树枝和其他植物图案。浮雕寓指太阳和月亮，画中人类在天使举起的圆圈中央，这也许是受诺斯替教派[37]的影响。太阳图案上有一句铭文，翻译如下："谦卑的弗拉莫拉（Flammola）奉献这份谦卑的礼物。"

  插图　发现于主祭坛脚的浮雕砖块，有人认为它可能是圆顶基座的一部分。

---

[37] 诺斯替教派（Gnosticism），亦译"灵智派""神知派"，是基督教异端派别。——译者注

档案：西哥特艺术

国王苏因提拉将他们驱逐出境。在这 73 年中，拜占庭文化对西班牙东南部这一地区产生了相对重大的影响。自然而然，当时的建筑物上有许多拜占庭文化的印记。今天只有距格拉纳达不远的大加比亚洗礼池保存得比较完好。洗礼池的圆顶呈半球形，里面有大理石、玻璃和玛瑙的装饰物，还有石板雕刻的人像。这个古迹与可以追溯到同一时期的埃尔切大教堂的鼓形柱身风格相仿。后者只有地板和精致无比的带希腊铭文的镶嵌画保留至今。之后的西班牙西哥特建筑普遍采用拱顶的罩顶样式作为装饰。萨马萨斯的浮雕（位于卢戈）就是受到拜占庭文化影响的代表。另外，卡萨埃雷拉大教堂门板上的鹿浮雕和阿斯图里亚斯的圣米迦勒教堂鼓形柱身上大理石的格里芬像，都体现了拜占庭风格。圣米迦勒教堂除了刻在门板一侧的格里芬之外，另一边刻有东方风格的树木图。根据格里芬的部分边缘被削低以适应鼓形柱身这个改动，可以推断，格里芬像应该是事先雕刻好的。艺术史学家赫尔穆特·施伦克（Helmut Schlunk）曾指出君士坦丁堡或拉文纳的艺术作品与西班牙作品之间的相似性，其中包括梅里达城堡的蓄水池壁柱，以及被历史学家鉴定为由毛索纳（Mausona）主教在 6 世纪最后 30 年修建的西哥特收容所的廊柱。

两个重要阶段

　　根据西班牙王国的政治演变，我们可以将西哥特艺术分成两个阶段。第一阶段包括 5 世纪和 6 世纪，直到 589 年雷卡雷德改信天主教（他之前是阿里乌教徒）。直到这时，政治和宗教都缺乏统一性，艺术风格不十分明确，更多是西班牙罗马艺术的延续。这个时期的艺术品仅有塞古布里加（昆卡省）和托莱多几处废墟存留至今。6 世纪，梅里达成为西班牙的文化中心。之后，世纪末西哥特王国巩固了统治，托莱多成为首都。梅里达的名字"埃梅里达·奥古斯塔"（Emerita Augusta）体现了它在罗马帝国末期的重要地位。当时，戴克里先（Dioclétien）进行了各项改革，梅里达获得了西班牙首府的称号。尽管日耳曼人入侵带来了一些变化，但是梅里达在西哥特人统治期间仍然保持繁荣发展。据许多文献以及大量考古发现，可知梅里达教会的势力非常强大。梅里达数不尽的西哥特艺术藏品对于了解这一时期的艺术具有重大意义。梅里达和包括科尔多瓦在内的半岛南部的艺术中心是6世纪艺术最重要的推动者,尽管这种艺术称为"西哥特式"艺术,但起源于西班牙裔基督徒,而且受到整个地中海地区艺术风格的影响。

第二阶段从雷卡雷德统一宗教开始,一直延续到9世纪,尽管711年阿拉伯人进攻使艺术观念发生了一些转变,但不是大家经常听到的那样,文化并没有发生绝对断裂,事实上,流传至今的大多数古迹都属于这一时期,其中最重要的古迹位于半岛北部。圣胡安·德巴尼奥斯教堂建于661年。这座神殿采用大教堂格局,三间中殿被柱廊隔开,后来又增加了三个(而非一个)独立的方形后殿。入口处有一个门廊,直达中殿。这座教堂结构合理,拱门上的开口很少,外部装饰也很简单。教堂内里雕刻精美的柱头引人注目,上面刻画着《圣经》中的场景。圣塔孔巴·德班德教堂采用希腊式十字形格局,内设耳堂。还有在萨莫拉[38]的圣佩德罗·德·拉纳维教堂,同样是希腊式十字形格局,增建了其他附楼,这些建筑也是建于7世纪末。位于布尔戈斯的金塔尼亚·德·拉斯维尼亚斯教堂有典型的矩形后殿,围绕教堂外部的两条浮雕带显得尤其突出。带有浮雕的古迹很多,但都分散在博物馆里,如柱头、鼓形柱身、廊柱等。尚未被收存的只有圣佩德罗·德·拉纳维教堂和金塔尼亚·德·拉斯维尼亚斯教堂。

最新研究发现,西哥特艺术遗址的时间差异比较大。人们得出结论,尚无令人信服的证据支持对每个时期的拱形建筑系列进行分类。有考古学家在建筑研究中甚至发现同一建筑物建于不同的时期。因此可以得出这样的结论,很大一部分西哥特建筑在中世纪早期,换句话说,就是711年西哥特王国终结之后,经过改建。雕塑也是,有一些雕塑与建筑物相互融合,但大部分只能进行背景研究,这就存在和建筑相同的年代追溯的问题。对一系列西哥特艺术作品的比较研究可能证明了,所谓

---

[38] 萨莫拉(西班牙语:Provincia de Zamora),西班牙西部卡斯蒂利亚—莱昂自治区的一个省。——译者注

■ 档案：西哥特艺术

瓜拉扎尔的西哥特宝藏

这套王冠和宝物是苏因提拉和雷克斯文特捐赠给托莱多教堂的，于1853年至1861年之间在瓜达穆尔的瓜拉扎尔果园中发现。所有工艺品均是金制，采用压花技术，吊坠上饰有宝石、珍珠和字母。

金制皇冠 该冠的压花技术凸显了拜占庭金银匠对西哥特手工艺者的影响。

许愿冠 金制，体现了拜占庭金银制品与"蛮族"的本地艺术的融合。

雷克斯文特的王冠 字母吊坠组成了"国王雷克斯文特提供"（Reccesvinthus rex offeret）的字样。

十字架胸针 十字架上嵌有许多宝石，还有其他体现拜占庭艺术风格的细节。

宗教礼仪用十字架臂 中央主体的装饰物由镶嵌玻璃制成。

十字形吊坠 该吊坠受拜占庭风格影响，由宝石制成，是奉献皇冠的组成部分。

西哥特艺术作品，可能不属于西哥特艺术。显然，西哥特艺术主要是在哥特人统治期间发展起来的，但我们现在明确了，这门艺术超出了西哥特的统治时间框架，并且到 11 世纪之前，都对西班牙艺术产生持续的影响。

可敬者圣比德

插图摘自12世纪的手稿《圣库斯伯特的生平》(Vita Sancti Cuthberti),作者是可敬者圣比德(现藏伦敦大英图书馆)。

下页是伦巴第的铁王冠(现藏蒙扎大教堂)。

在两个时代之间

阿拉伯人在全世界的征服扩展到东部的印度尼西亚和西部的摩洛哥。同时，斯拉夫民族也开始了大迁徙。随着草原游牧民族在欧洲进行的军事活动，欧洲不知不觉形成了一种新的文化和语言，与欧洲长期存在的拉丁、日耳曼文化和语言平分秋色。

阿拉伯人和斯拉夫人的迁徙运动带来了一场大动荡，最终导致了欧洲的形成。与此同时，欧亚海上航线（地中海、红海、波斯湾、印度洋以及南海、东海）也发生了巨变。西边的丝绸之路从中国经过巴格达，沿大马士革和君士坦丁堡方向，直到和底格里斯河和幼发拉底河以西的辅道交汇。这一时期的商业繁荣推动了银行和货币体系的发展与完善，私人信贷随之发展起来。这动摇了农业和手工业，并在一定程度上改变了社会阶级。城市新富阶层的出现导致社会分裂，传统价值观摇摇欲坠。当时社会上充斥着世界末日来临的气息，对于那些忠于旧时秩序，对 7 世纪

> 在两个时代之间

初罗马和波斯大战带来的重大变化毫无察觉的顽固分子,更是如此。当时农业繁荣发展,世界广大地区即将进行一场"绿色革命"。社会如此欣欣向荣,以至于当时人们认为贫困是一种不寻常的状态,是战乱造成的,而始作俑者就是贪婪的帝国统治者和同为一丘之貉的"蛮族"人。然而,末世论的思想并不能解释数十年来的变化和动荡:萨珊帝国终结,拜占庭帝国政局动荡,涣如散沙。

7世纪中叶,欧洲进入了一个"蛰伏期",其间也发生了一些重大事件。阿拉伯人到来,斯拉夫人迁徙,促使欧洲进入了形成的最后阶段。显然,这两个文明迟早会在其共同边界,也就是从多瑙河上游直到高加索山脉一带,爆发冲突。

极力扩张的斯拉夫文明和伊斯兰文明水火不容。斯拉夫人和阿拉伯人通过战争,竞相在西方、东方罗马帝国的废墟上建立新的欧洲帝国。7世纪,二者的斗争进入白热化状态,以至于从草原游牧民族到法兰克人,乃至伦巴第人和西哥特人等其他民族别无选择,只能加入其中一方的阵营。

614年,当斯拉夫的掠夺军把拜占庭帝国的最后防御逼到多瑙河畔的时候,622年,当穆罕默德从麦加逃离到麦地那避难的时候,还没有人预见斯拉夫人和阿拉伯人后期的领土扩张。罗马世界对发生的事情一无所知:一个时代即将结束,另一个时代即将开始。7世纪中叶,罗马开始苏醒,这是本章要讨论的历史时期。

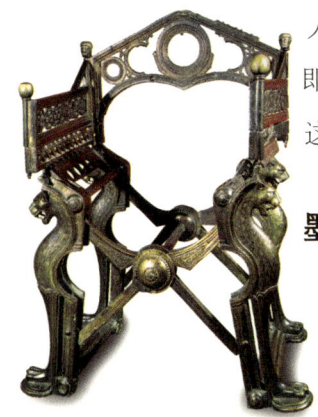

达戈贝尔特王座

达戈贝尔一世国王的宝座,由青铜铸成,经雕镂装饰,部分镀金(现藏巴黎国家图书馆)。

墨洛温王朝的传说

达戈贝尔特二世(Dagobert Ⅱ)生于652年,他是后来奥斯特拉西亚王国的最后一位墨洛温国王。他是澳大利亚西吉贝尔特三世(Sigebert Ⅲ)和希米勒希尔德(Chimnechilde)公主的儿子,因此,他也是达戈贝尔特一世(Dagobert Ier,629—639年在位)的孙子。他的祖父曾统一了墨洛温王朝的三个邦国(纽斯特里亚王国、奥斯特拉西亚王国和勃艮第王国)。一个名为"达戈贝尔特王座"的青铜宝座,就是为了纪念他的伟大事迹所制,现存法国国

懒王：达戈贝尔特一世

墨洛温王朝统治末期，国王轻浮放荡，无心朝政。历史将这些统治者称为"懒王"。

克洛泰尔二世的儿子达戈贝尔特一世一度保留宫相（major domus）以及一些支持他的大地主的权力。据编年史家弗雷德加尔（Frédégaire）记载："他废寝忘食，只希望得到每个人的称赞和钦佩。"他这种积极向上的政治表现，与他的私生活形成鲜明对比，"他有三位皇后和众多宠妃"，是"荒淫无度的欲望的奴隶"。他的继任者与他如出一辙，只是在政治上更加草率。国家的权力落到了宫相手里。年轻的丕平二世在泰特里（Tertry）战役（687年）中击败了其他宫相，以公爵和法兰克亲王的头衔统治了除阿基坦外的整个高卢。克洛泰尔四世（717—719年在位）统治期间，"年轻丕平"（Pépin le Jeune）的儿子查理·马特掌权。

插图 圣但尼大教堂的达戈贝尔特一世墓。

家图书馆的奖章陈列室中。

7世纪中叶,墨洛温王朝已不复旧时的辉煌,法国历史学家将当时的墨洛温国王描述为"懒王"。有一幅根据《弗雷德加尔纪事》(Chronique de Frédégaire)绘制的君王图,刻画了一群年幼的国王坐在车轿里,牛在前面拉,车后一个平民被皇家的神圣光环吸引了,出神地看着他们头上象征皇家的长辫子;在他们的身旁,是一位享有特权的贵族,还有一位同样觊觎权力、土地和农民的主教。656年,在西吉贝尔特三世逝世后,大地主兰登丕平(Pépin de Landen)之子,宫相老格里摩尔德(Grimoald)将继承人达戈贝尔特二世剃度,送进都柏林附近的爱尔兰思莱恩修道院。这位被废黜的年轻国王,在这里卧薪尝胆,以待重新夺回王位,他还成功迎娶了玛蒂尔德(Mathilde)公主。在圣威尔弗里德(Saint Wilfrid)的提议下,达戈贝尔特二世偕妻子前往约克。途中,他的妻子忽然丧命。达戈贝尔特二世重回奥斯特拉西亚王国时,他的母亲十分意外,她很清楚,要战胜宫相家族是多么不容易。当时,宫相家族的领头人是足智多谋的赫斯塔尔的丕平二世(Pépin II de Herstal),他的叔叔是可怕的格里摩尔德,祖父是梅斯的主教阿诺尔(Arnoul)。

当时局势复杂,宫廷的你争我夺又开始了。年轻的国王达戈贝尔特二世应该是娶了雷恩伯爵伯拉二世(Berà II)的女儿西哥特公主吉赛尔(Gisele)(这件事情的真实性至今仍有争议),准备对抗宫相势力。最终,他在676年夺回了父亲的王位,收回墨洛温王朝的权力。然而,宫相长达50年的统治并没有就此消失,达戈贝尔特二世每日生活在阴谋、暗杀和背叛的阴影中。679年圣诞节的前两天,达戈贝尔特二世在阿登的斯泰尼树林里打猎时,被很可能是丕平雇用的刺客用长枪刺穿身体,最后被刺死在树上。教会为了消除其主谋身份的怀疑,宣布达戈贝尔特二世为烈士,并为他封圣。他去世后的第二天,权力就被交到丕平手里,此后便开始流传有关奥斯特拉西亚王国墨洛温后人的传奇故事(过几年,又开始流传其堂兄弟纽斯特里亚墨洛温国王的传奇)。传说墨洛温王朝的后人拥有愈合刀伤(剑刺穿手掌之后能愈合)的神奇能力,传说达戈贝尔特二世的儿子西吉贝尔特

（其拥戴者称他为西吉贝尔特四世，因为他是墨洛温王室后人）投奔舅舅雷恩的吉赛尔（Gisèle de Rhedae）寻求庇护。根据这个传说，西吉贝尔特最著名的后裔是十字军东征的首领布永的高佛瑞（Godefroi de Bouillon），他在1099年占领了耶路撒冷。然而，族谱中已经找不到奥斯特拉西亚王国墨洛温王朝最后一位后人的名字了。19世纪的作家虚构了史料中没有的几位所谓的末代皇帝，以此为原型创作小说。

西哥特王国的终结

7世纪的最后30年，尽管国王在托莱多主教议会和法规的基础上通过了几项政治决议，但西班牙西哥特王国还是掩盖不住衰弱的迹象。家族内讧与地区冲突交织在一起，受到朝贡制度剥削的农民纷纷起义，令贵族十分焦虑。王朝的末日将要来临，但似乎没人想过。万巴（Wamba，672—680年在位）在击退进攻半岛海岸的阿拉伯人舰队中，以及在平息埃布罗北部以保罗公爵为首的叛乱中，都表现出王者风范。然而，最后万巴政权还是被推翻了，这无疑反映了王国的危机深重。

这之后，拥有许多民众的大地主成为统治阶级。地主阶级势力强大，策划了许多次谋反，埃吉卡（Égica，687—700年在位）国王试图阻止，但未能成功。托莱多的大主教本人也成了一次袭击中的受害者，这使他强化了对犹太人的敌对政策。他指控犹太人与阿拉伯人勾结。托莱多十七届主教议会还颁布了一项法令，将所有犹太人贬为奴隶。塞普提曼尼亚[39]没有推行这项法律。领土分裂从此开始。

维提扎（Wittiza）顺利继承了埃吉卡国王的王位。700年，他获得王权，并提议由王室接管教会的高级神职班。这个提议给他招致祸害，接着，比蒂卡的执政官罗德里克[Rodéric，或称罗德里格（Rodrigue）]黄袍加身。有人认为罗德里克参与了这项阴谋，不过这种可能还是存在争议。罗德里克的统治也并非一帆风顺。被废黜的国王维提扎的家族势力强大，他的儿子阿吉拉（Agila）和兄弟奥帕（Oppa）向毛里塔尼亚的执政官阿拉伯人穆萨·伊本·努赛尔（Moussa ibn Noçaïr）寻求

---

[39] 塞普提曼尼亚（Septimanie），历史上的一个地区，位于今法国南部。——译者注

■ 在两个时代之间

托莱多的主教会议，一种强大的政治机制

西班牙主教会议自从罗马时代以来，就在托莱多以教会大会的形式举行，589 年雷卡雷德改信天主教之后，主教会议辅助西哥特国王解决政府问题。

自 633 年第四届主教会议在塞维利亚的圣伊西多禄的推动下举办以来，主教会议就成为集政治和宗教于一体的机制，分期处理宗教或政治事务。在政治上，主教会议承担有关国家问题的主导性指导和规范的职能。这就是为什么主教会议既是制定西哥特西班牙国家政治方向的最高立法机构，同时又是行省的高级检察院。

插图 675 年，万巴统治期间，托莱多第十一届主教会议举办，这一页摘自《托莱多教会的首要地位》(Primacía de la Iglesia toledana，写于 13 世纪)，现存马德里国家图书馆。在彩绘图中我们可以看到主教会议的架构，由君主（左上）召开，托莱多大主教（右上）主持会议，王国的所有主教出席会议。

帮助，后者直接在大马士革哈里发[40]沃利德·伊本·阿卜杜·马利克（Al-Walid ibn Abd al-Malik）的面前应允了。711年春，穆萨下令让一位名叫塔立格·伊本·齐雅德（Tariq ibn Ziyad）的丹吉尔新总督，筹备非洲和欧洲之间一段14公里的水上航程。塔立格身经百战，他的准备非常周全。他请几个月前率军远征的泰利夫·伊本·马利克（Tarif ibn Malik）向他提交一份报告。泰利夫将可能的着陆点报告给塔立格。泰利夫曾率领大约400名柏柏尔人顺利着陆，并在陆地上度过了几天，带着一堆战利品和妇女返回。着陆点附近的村庄[即安达卢西亚（andalousie）]，今天仍刻着远征首领的名字——"Tarifa"[泰利夫（Tarif）]。

泰利夫提交给塔立格将军的远征报告中，还提到西哥特人面临的混乱政局的一些细节。此外，塔立格将军此前还从上级毛里塔尼亚执政官那里收集到了一些信息。

这段历史夹杂着寓言和传说。有说西哥特人国王维提扎将王位传给了儿子阿吉拉，但阿吉拉的反对派拥护罗德里克为王，于是，维提扎的拥戴者决定联合柏柏尔人把他们认为篡夺王位的罗德里克推下台。罗德里克还宣称诱奸了休达省执政官朱利安（Julien）伯爵的女儿弗洛林德（Florinde）。不管这一切是真相还是传说，著名的阿拉伯编年史家伊本·阿布达·哈卡姆（Ibn Abd al-Hakam）转述了朱利安伯爵的一句话："我不知道如何惩罚他，让他感受同样的痛苦，除非派阿拉伯人收拾他。"

711年：瓜达莱特

阿拉伯—柏柏尔人的远征是从占领一个名为"塔立格山"（Jabal Tariq）的海角峭壁开始的。这个海角，我们今天称为直布罗陀。为了穿越海峡，塔立格将军派出了两个心腹——探险家泰利夫·伊本·塔利布（Tarif ibn Talib）和冒险家马奎尔·鲁米（Maguit al-Rumi）。确定队伍的领头之后，他命令队伍前往西边16公里的海湾另一端，驻守在一个他们称为"绿岛"（Al-Yazira al-Jadra）的地方，即今天的阿尔赫西拉斯（Algésiras）。

---

[40] 哈里发，穆罕默德的继承者，伊斯兰国家的领袖。——译者注

在两个时代之间

柏柏尔人登陆的消息传到了托莱多。西哥特政府马上集合了一支军队。柏柏尔人进攻不是什么新鲜事，但是，占领直布罗陀之后的几天中，登陆的敌军越来越多，这表明柏柏尔人的目的不仅仅是掠夺几个沿海城市。711年7月19日，西哥特人军队在罗德里克的指挥下，向阿尔赫西拉斯挺进，西哥特人在瓜达莱特河畔与塔立格军交战，交战也可能发生在附近的拉汉达泻湖和阿拉伯编年史作家称为"乍得纳"[Chaduna，即今天的麦地那—西多尼亚（Medina-Sidonia）]之间的一个地点。双方在巴尔白特河口和瓜达莱特之间的平原上僵持了一周，胜负难分。那时候酷热难耐。双方迎来了最后的决战。决战的确切位置是有争议的，可能是第一次交战的其中一个地点。罗德里克将军队分成几小队，由他的两名将军分别率领左右两翼。对面的塔立格柏柏尔步兵按兵不动，躲在用金属杆加固的盾牌后面。柏柏尔骑兵组成了"强力兵"（muyafafa），他们很容易辨认，因为金属头盔上包着标志性的阿拉伯头巾（imama），皮革背心下加装了轻金属防备衣。

西哥特军队的逃兵越来越多，最终输掉了这场决定性的战斗。记述此次西哥特战败的小说写道，西哥特国王最后淹死了。事实上，有关阿拉伯—柏柏尔人进攻的历史，充满了传奇色彩。后来，休达省的执政官朱利安伯爵也对穿越海峡的"进攻者"表示祝贺，他已不再相信西哥特王国的存在。

塔立格取得了出人意料的胜利。他带领军队穿越了加的斯省，一路战无不胜。他们谨慎地避开了重兵把守的塞维利亚城，取道拉弗龙特拉的莫龙，到达瓜达基维尔河谷里的罗马城市埃奇亚，并再一次战胜了驻扎在那里的西哥特人。塞维利亚和梅里达发起防御，最后被包围。其他城市很快投降了。塔立格军队的主要目标是首都托莱多，西哥特的传信部称之为"新耶路撒冷"：这里保留了皇家的宝库和一些神秘的文物。西哥特贵族与阿拉伯—柏柏尔人签订了和约，割让了一部分领土给阿拉伯—柏柏尔人。712年7月，为了取代风头过盛的塔立格和柏柏尔人军队，穆萨·伊本·努赛尔带领一支主要由也门人组成的常规军越过海峡，抵达阿尔赫西拉斯。他本打算尽快抵达托莱多，但他决定绕道前往塞维利亚，准备围攻占领塞维利亚。这时，对西哥特王国的征服才真正开始。最近的考古发掘表明，

塔立格·伊本·齐雅德

这幅彩色石版画的作者是德国油画家和插画家西奥多·霍斯曼（Theodor Hosemann, 1807—1875），刻画了骑在马上的阿拉伯—柏柏尔军队的军事首领塔立格·伊本·齐雅德。

许多村庄在此期间被摧毁。

当时人们从未考虑过阿拉伯人的进攻给宗教带来的冲击。阿拉伯人不承认"三位一体"。还有许多在西哥特人皈依天主教之后选择沉默的阿里乌教徒，也拒绝接受"三位一体"的教义。这就是阿拉伯人进攻之后，无论是西哥特人还是西班牙人，无论势力是大还是小，即使土地的分配和经营制度保持不变，还是有许多地主选择留在原地的原因。农村地区的耕种主体依然是自由农民或被奴役的农民，农民耕种的土地由罗马法指定，罗马法受西哥特法典制约，其中最新也最具影响力的一部法律，是雷克斯文特的《管辖法》（*Fuero Juzgo*）。

西哥特王国被阿拉伯人占领。罗马西班牙很快成为"安达卢斯"[41]，属于达伊斯兰地区（dar alIslam）。在半岛北部的沙漠地区仍存在一些反抗势力，尽管困难

---

[41] 安达卢斯（阿拉伯语：الأندلس；Al-Andalus），阿拉伯和北非穆斯林（西方称摩尔人）统治下的伊比利亚半岛和塞蒂马尼亚。——译者注

瓜达莱特：致命的失败

711 年 7 月 19 日，瓜达莱特战役爆发。在这次战役中，罗德里克国王带领的西哥特军队被一支由塔立格·伊本·齐雅德指挥的阿拉伯—柏柏尔人军队打败。

在正式进攻的前几周，阿拉伯—柏柏尔人就连夜登陆直布罗陀海角。塔立格建造的砖堡保留至今，就在今天的直布罗陀岩。几天后，他率军挺进"绿岛"，也就是今天的阿尔赫西拉斯。7 月初，塔立格带领他的手下从海岸进入山区。进攻的时机对西哥特国王非常不利，当时他正试图平息巴斯克人暴乱，还要遏制阿吉拉将军在塞普提曼尼亚的分裂势力。最终，国王让大多数贵族集结骑兵队伍，遏制阿拉伯—柏柏尔人定期发起的攻击。时间证明这场战斗将成为西班牙历史的转折点，即使当时阿拉伯人和西哥特贵族都没有意识到这场刚刚开始的血腥屠杀在历史上的重要性。

那时候也不可能从文明冲突的层面讨论这场战争，不过，在接下来的几个世纪中，双方关于"文明冲突"的观点逐渐成熟。阿拉伯编年史家称为"麦地那—西多尼亚"的战役，指的是发生在巴尔白特河口和瓜达莱特之间平原上，决斗几周前的一系列小规模冲突。

插图 《瓜达莱特战役》，萨尔瓦多·马丁内斯·库贝尔斯（Salvador Martínez Cubells）的油画（现藏马德里圣费尔南多皇家美术学院博物馆）。

重重，但他们坚持抗战，最后在边境建立了政权。阿拉伯人用了几年时间沿着边界修建了许多坚固的瞭望塔以抵御基督徒：北部被称为"战争之家"，死气沉沉；南部则被称为"伊斯兰之家"，花园比比皆是，草木繁盛，米烂成仓，城市林立，风景如画，以至于 10 世纪甘德斯海姆的赫罗斯维塔（Hrotsvita de Gandersheim）修女惊叹地称之为"世界的宝石"。

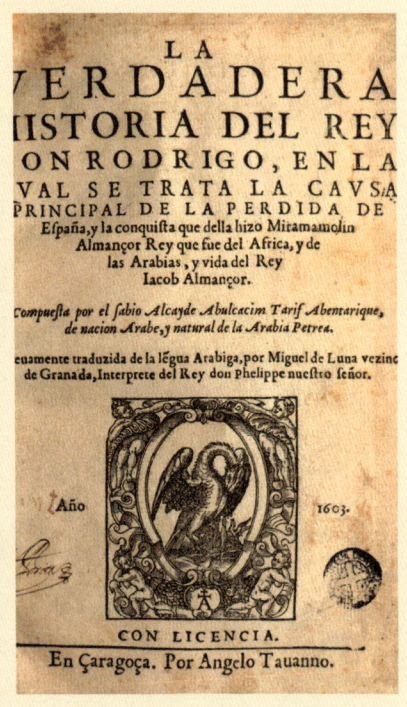

罗德里克　《唐·罗德里克国王的真实故事以及西班牙失利的主要原因》（*La verdadera historia del rey don Rodrigo en la qual se trata la causa principal de la pérdida de España*，出版于萨拉戈萨，1603 年）的第一版封面，作者是摩尔医生卢纳的米格尔（Miguel de Luna）（现藏巴塞罗那加泰罗尼亚图书馆）。

"卢卡·莱科维茨卡娅"文化

在欧洲大陆另一端的俄罗斯大草原上，形成了具有独特文化和政治特征的文明。这个文明与西班牙西哥特文明截然不同，不过属于同一时代。7 世纪的欧洲是多种文明汇集之地。原本定居在维斯杜拉东部，也就是今天白俄罗斯和沃里尼亚（乌克兰）的"东斯拉夫人"继续扩张，最终，斯拉夫人向欧洲俄罗斯地区迁徙，占领伏尔加河流域。后来，波兰人在基辅周边地区定居,几个世纪后,《俄罗斯第一纪事》(Première Chronique russe)记载了这个事件。然而,7世纪中叶最具有代表性的现象是一种叫作"卢卡·莱科维茨卡娅"(Luka Raikovetskaia)的新文化的诞生。这种文化建立在冶金行业和堡垒建筑高度繁荣的基础上。在基辅万神殿中,有一个名为斯玛格尔(Simargl)的神,类似波斯神话中的西摩格鸟("Simurgh"或"Sênmurw")。在萨尔马提亚人的神话中,这只长翅膀的怪物是众树之王的守护神。还有女神莫克什(Mokish),她的名字表示"湿润",是"湿地之母"的化身,与阿斯塔特(Astarté)或阿芙罗狄蒂(Aphrodite)这些传统的伟大母性女神有关。最后是斯特里博格神(Stribog),他的名字表示"散财者"。

在丧葬中,当时属于"卢卡·莱科维茨卡娅"文化的斯拉夫人会将死者火化,并将骨灰埋在一个特制的双锥形骨灰盒中,然后掩上土堆。这些习俗与伊朗、萨尔马提亚和斯基泰文明存在紧密联系。这种联系还推动了一种商业活动的发展,促使人们深入了解各种金属的使用,从金到铜,以及银、锡和铁等。考古发现了那个时期的一些专门生产耕作、狩猎和战争所需工具的锻造厂和作坊。不过,斯拉夫人主要还是从事牧牛、捕鱼和养蜂等行业,保持游牧的生活方式,经常改变居住地,以寻找新的耕地。他们用轻质材料建造房屋,是方便在迁徙或者逃脱敌人的攻击时迁移。他们经常躲到周围的树林中。这解释了为什么他们将土地视为整个部族的公共财产:所有人都参与农业劳动,产物属于所有人。存在私有财产,但仅限于个人物品、劳动工具、武器和珠宝。他们把自由农民统称为"农民"(smerd)。在自由农民的群体中形成了一支名为"维蒂亚兹"[42]的分支,这个分支后来演变成军事贵族,他们将马当作劳动工具,可能是受萨尔马特人影响。

阿瓦尔人的辉煌与衰败

阿瓦尔人的崛起、辉煌和衰败是文学的经典主题之一,尽管那时候文学作品还很罕见。阿瓦尔人在匈奴人后面离开了欧亚大草原,在中欧建立了一个帝国。他们讲突厥语,并且在中国边境组建起了一个游牧民族联盟。迫于占领中亚的西突厥人的压力,阿瓦尔人开始向西迁移,并以政治难民的身份进入多瑙河下游。

---

[42] 维蒂亚兹(Vitiaz),"Vitiaz"为俄语,原意为"英勇的战士"。——译者注

7世纪阿瓦尔人的扩张与萨摩王国

6世纪中叶,一个叫作阿瓦尔人的草原部落,开始占领巴拉顿湖附近匈牙利大平原上多瑙河盆地的土地和村庄。不久,阿瓦尔人冒险渡河,挺进拜占庭帝国,扰乱西部的法兰克王国。

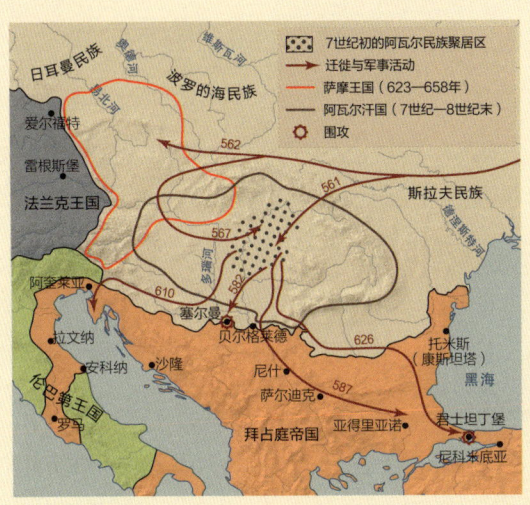

阿瓦尔人离开突厥斯坦之后,大约558年,他们越过俄罗斯南部,制服了途中遇到的斯拉夫人,562年,他们将势力扩展到了易北河,568年在意大利击退伦巴第人,并洗劫了巴尔干地区,以至于那里的居民和拉丁文明几乎消失了。阿瓦尔人的势力一度从波罗的海延伸到黑海。但是在620年,发生了一系列事件,使其走向衰弱。626年,阿瓦尔人围困了君士坦丁堡,差点就将其拿下,但这次军事行动最后还是失败了。事实证明,阿瓦尔人并非所向披靡。一个名叫萨摩(Samo)的斯拉夫酋长趁此机会致力解放波希米亚——早在几年前,562年,他就做了这个决定,并将自己的割据势力发展为真正的王国。他甚至和墨洛温王朝的国王达戈贝尔特一世开战,在631年的沃加蒂斯堡(Wogatisburg)战役中打败达戈贝尔特。萨摩的一系列举措使他巩固了斯拉夫王国的统治权。然而,658年,萨摩去世,王国也随之覆灭。今天人们认为萨摩是斯洛文尼亚和斯洛伐克等国家政权的先驱。萨摩死后,阿瓦尔人再次试图扩大在整个地区的统治,但他们很快面临两个重大历史事件:骁勇善战的斯拉夫人在整个领土上疯狂扩张,法兰克人统治了奥斯特拉西亚王国的东部和南部。790年至805年,查理大帝征服并解散了阿瓦尔人,其政权从此消失。此后,阿瓦尔不再作为一个政治单位存在。

编年史家梅南德（Ménandre）记载，558年，阿瓦尔人出现在君士坦丁堡宫廷，并向皇帝建议："消灭敌人，一个不留。"皇帝接受了他们的提议，并将阿瓦尔人作为控制多瑙河下游的游牧民族向北部迁徙的战略中的一步棋。但是，阿瓦尔人对其附属角色非常不满意，约568年，阿瓦尔人到匈牙利大平原上定居，马上与那里的其他几个民族结盟。阿瓦尔人的联盟中既有自由农民（主要是斯拉夫人），也有作为下属的将士群体。

之后，拜占庭的历史学家梅南德记述了一名阿瓦尔将军，眼见攻占辛吉度努姆[Singidun，即今天的贝尔格莱德（Belgrade）]失败，便向对方要求支付一笔赎金以换取他们退军。626年，阿瓦尔人围攻君士坦丁堡失败后，他采取了更加强硬的措施，而且对临阵脱逃的斯拉夫步兵毫不手软。远征君士坦丁堡的惨败削弱了阿瓦尔人的势力，几年间，阿瓦尔人的地界一直由一个名叫萨摩的外族人控制。萨摩在摩拉维亚和现在的波西米亚之间建立了一个同名王国，但只是昙花一现。631年左右，墨洛温王朝达戈贝尔特一世国王进攻萨摩王国，萨摩在图林根州边界的战役中战败，他的统治就此终结。

阿瓦尔人重新控制了该地区，在匈牙利大平原上继续维持他们的游牧王国政权，他们广阔的领土包括今天奥地利一部分地区和几乎整个匈牙利。阿瓦尔人主要是通过大面积建造军事基地来对周边地区进行殖民。军事基地内部包含几个村庄。不过，包括塞尔维亚人、克罗地亚人和巴尔干其他斯拉夫人等许多战斗民族争取了独立，只有保加利亚族的独罗氏（Dulo）和瓦尔部嚈哒人[43]继续和阿瓦尔人保持联盟关系。这三个支系联合起来，以库布拉特为首领，但大约在634年库布拉特去世时，阿瓦尔人仍然是平原唯一的统治者。

可萨人[44]国王的出现切断了阿瓦尔人与其起源地东部草原的所有联系。阿瓦尔人的势力从那时开始衰落。据《圣埃默兰的生平》（*Vie de saint Emmeran*）记载，713年至714年，巴伐利亚公爵和其他大公经过残酷的战争，成功夺取了维纳瓦尔德和恩斯之间的西部地区。最后，阿瓦尔王国分裂为匈牙利、斯洛伐克和德拉瓦河谷以及下奥地利州。这样的格局适应了新时代。这些分裂的支部在军事学校出身的

---

[43] 嚈哒人（Hephtalites Uar），晚古典时代西域一支游牧民族，曾于中亚、南亚地区建立规模广大的嚈哒帝国。嚈哒人被东罗马帝国史学家称为"白匈"，其自号"匈人"。——译者注

[44] 可萨人（Khazars），常指一西突厥的属部落，其汗国是中世纪初期最大的汗国。——译者注

军官首领（énarques）的带领下，重新在斯拉夫人的控制下安定下来。

  渐渐地，阿瓦尔人不再对周边地区构成威胁。阿瓦尔王国进入了"辉煌的孤立"状态，一直到查理大帝出征讨伐之前。大圣尼古拉宝藏（位于匈牙利瑙杰圣米克洛什）便存在于这个时期。这个宝藏于1799年哈布斯堡王朝时期被发现，包括23件技艺精湛、质量上乘的金器。这批文物的装饰借鉴了古地中海和伊朗的传统风格，还体现了亚洲草原和东欧风格。一些金器上刻画了骑马的勇士、牛头、神兽和一些神话故事情节，比如以伽倪墨得斯（Ganymède）神话为原型的鹰衔人的画面[45]。这批文物上面有一些后来刻上去的古土耳其铭文。

俄罗斯编年史

  早在12世纪和13世纪，诸如《俄罗斯第一纪事》[或称《拉齐维尔纪事》（la Chronique de Radziwill）]等文献就记载了5世纪欧洲俄罗斯形成的历史。上图是选自《拉齐维尔纪事》中的插图（现藏圣彼得堡俄罗斯科学院）。

---

[45] 宙斯变成巨鹰把伽倪墨得斯从伊达山上劫走。——译者注

大圣尼古拉的稀世珍宝

1799 年，在瑙杰圣米克洛什，也就是今罗马尼亚大圣尼古拉附近的沼泽地区，人们发现了 23 件饰有浮雕和象形图案的实心金器。这些宝器上面的装饰体现了各种文化的影响和融合（主要是中亚、萨珊王朝和拜占庭的文化），上面还写有希腊文、土耳其文和符文铭文。因为这批文物风格迥异，加大了专家进行历史研究的难度。大圣尼古拉宝藏估计产于 8 世纪至 9 世纪之间，与草原游牧民族（例如阿瓦尔人、匈牙利人和保加利亚人）存在联系。这批宝藏在被发现后不久便被转移到奥匈帝国的首都维也纳，后来存放在维也纳艺术史博物馆里。

大圣尼古拉的珍宝

全套餐具包括 23 件平均 20K ~ 22K 的金器，总重 10 公斤。

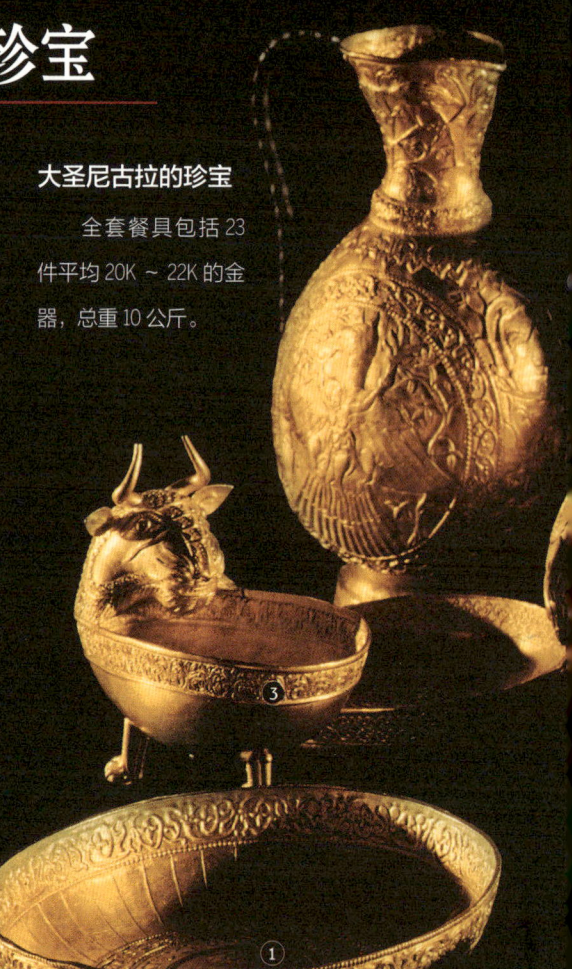

神兽

这是这批文物中一个酒壶的浮雕装饰图案。可以看到上面是一个正用弓箭瞄准一只豹的游牧战士，战士的坐骑让人联想到美索不达米亚的拉马苏[46]，人头，狮身，鹰翅，蛇尾。这种神兽很常见。

① **平底碗** 带柄，碗中央装饰有十字架，据此可确定它产于马扎尔人和保加利亚人基督教化的时期。

② **精装酒壶** 酒壶上面的浮雕刻画各种神兽（鹰、格里芬和半人马），以及战士和猎人。

③ **碗** 上面饰有一个既像公牛又像狮子的兽头，类似四不像魔兽。

[46] 拉玛苏（lamassu），是亚述文化中半人半兽的怪物。——译者注

④ **盘子** 椭圆形，内部饰有贝壳纹，外部浮雕画的是树旁的两只狮子和两个格里芬。

⑤ **带柄的酒壶** 两个酒壶都有环形手柄和梨形壶身，一个壶身光滑，另一个上面则刻有叶饰；这两个酒壶的壶身都有植物图案。

⑥ **锅** 表面覆盖着植物浮雕图案，包围着四只既像格里芬又像狮子的神兽。

⑦ **来通**[47] 由12克拉黄金制成，包括两个组成钝角的焊件，和同批次的其他文物一样，它上面也刻有符文铭文。

⑧ **奠酒器** 礼仪用具，底部有小叶图案，器皿中央刻有一只狮子和鱼的混合神怪，边缘和手柄处均饰有植物图案。

[47] 来通（古希腊语：ρυτόν rhūtón；英语：rhyton），一种用来饮酒或斟仪式祭酒的容器，一般为底端带有开口或假开口的圆锥形。——译者注

■ 在两个时代之间

泰奥琳德之杯

泰奥琳德是巴伐利亚公爵的女儿、皇室的公主，在伦巴第王国的历史中扮演着重要角色，她为巩固天主教信仰做出了决定性的贡献。她影响了侄子阿里佩特（Aripert），并扶持弗留利公爵拉奇斯（Ratchis），还把女儿哥德贝尔吉嫁给了拉奇斯。上图是产于 6 世纪的泰奥琳德之杯（现存蒙扎大教堂博物馆）。

最后的伦巴第人

伦巴第人在 7 世纪中叶实现完全统一。当时贝内文托公爵老格里摩尔德把阿里佩特的儿子送走，迎娶战败的前国王的姐姐，然后自己登上王位。他成功击退了法兰克敌人的进攻，并限制了法兰克帝国的势力。但是老格里摩尔德试图建立新王朝的计划失败了，因为他去世时，阿里佩特的儿子佩克塔里特（Perthari）夺取了王位，只将贝内文托省留给了老格里摩尔德的长子罗慕尔德（Romuald）。

到了 7 世纪中叶，两个伦巴第国王相继皈依天主教，此后发生了巨大的变化。阿里乌教派自此被视为

有罪。教会的势力开始蒸蒸日上，佩克塔里特的儿子库宁克佩特（Cunipert）受到各方攻击时教会给予他支持正表明了这一点。689 年，库宁克佩特在科罗纳托（Coronato）战役中获胜：一位得到教会支持的国王，战胜了仍然信仰阿里乌教派的公爵和大贵族。这次战役之后，拜占庭帝国承认了伦巴第王国作为外国政权的地位。伦巴第人逐渐趋于意大利化，各族通婚增加，源自拉丁语的罗马语成为伦巴第王国的通用语言。

伦巴第人对罗马艺术很感兴趣，他们修复了一些建筑。正是这时，国王颁布了一项政策，授予国王的侍从（gasindi）土地，作为奖赏。侍从形成了新的贵

伦巴特艺术

建于 8 世纪大理石祭坛（神圣的威严），图为浅浮雕饰面的细节图，该祭坛由弗留利公爵和伦巴第国王拉奇斯出资建造（现藏意大利弗留利地区奇维达莱基督教大教堂博物馆）。

族阶级。他们还从赎罪"偿命金"中获得暴利。根据规定，伦巴第人如果对他人造成损害，就要支付这笔钱。为了获取土地，授予尚未收到土地的伦巴第自由战士，伦巴第王国重新开始四处征战。这一切变化影响了最贫穷的自由人，他们开始成为地主的佃户（libellarii），这和罗马的情况完全一样。

到8世纪初，留特普兰德（Liutprand，712—744年在位）出现了。事实证明，这个人对伦巴第意大利的未来产生了决定性的影响。个性强势的留特普兰德成为伦巴第国王之后，在宫廷发布的文件中，自封为"伦巴第人的基督教国王"（christianus langobardorum rex）。

留特普兰德试图通过立法和征服斯波莱托和贝内文托独立公国来巩固王国的政权。野心勃勃的他起兵攻打帝国的辖区。拜占庭皇帝在727年颁布了禁止图像崇拜的法令，于是作为虔诚的天主教徒的留特普兰德以此作为出征讨伐的借口。他进军攻打当时在拉文纳总督管辖之下的博洛尼亚。留特普兰德围攻博洛尼亚，最终占领了它。他还成功占领了苏特里[48]。但是，当留特普兰德领兵前往拉文纳时，由于担心法兰克人袭击后卫部队，他选择了在743年与总督签署和平条约。

留特普兰德曾是一位骁勇的君王和立法者。他去世后，伦巴第王国内讧不断。749年，弗留利公爵拉奇斯进行了短暂的统治，随后，自信的艾斯杜尔夫（Aistolf）掌权，结束内讧。艾斯杜尔夫尚武，并精于作战。751年，他的军队征服了整个拉文纳和罗马涅地区。这标志着帝国总督管辖的结束。自此，拜占庭帝国在意大利北部的辖区只剩下很小的威尼斯公国。艾斯杜尔夫对自己的能力很有信心，随后袭击了罗马，并向教会征税。面对危机，罗马教皇向法兰克人求助。自此，艾斯杜尔夫的命运被封印了。

普瓦捷的查理·马特

查理·马特（Charles Martel，"Martel"在古法语中表示"铁锤"）是奥斯特拉西亚王国宫相赫斯塔尔的丕平的私生子。加洛林王朝的名字从他而来，他是加洛林王朝真正的创始人。714年12月，查理·马特的父亲去世时，他正27岁，从各方面看都被视为他父亲理想的继承人，除了他的出身——他是私生子。这就是其父

---

[48] 苏特里（意大利语：Sutri），意大利维泰博省的一个市镇。——译者注

垂死之际没有召见他的原因。

纽斯特里亚王国的宫相以查理·马特是私生子为由，建议奥斯特拉西亚的国王废除他的宫相候选人资格。各家族开始你争我夺，然而无济于事，719年，这场争夺以查理·马特的胜利而告终。查理·马特协助奥斯特拉西亚王国的国王，墨洛温的克洛泰尔四世（Clotaire Ⅳ），把纽斯特里亚王国的国王赶下台。最终，丕平家族成为法兰克王国唯一的宫相。正是这时，发生了一件使他留名青史的事件。732年，一支阿拉伯人和柏柏尔人的远征队跨越了比利牛斯山脉，在阿基坦大区大肆掠夺，厄德（Eudes）公爵被迫横渡卢瓦尔河，寻求强大的法兰克宫相的帮助。查理·马特看到了巩固自己权力的绝佳机会，他组建了一支由日耳曼人、阿勒曼尼人、巴伐利亚人、撒克逊人和法兰克人组成的军队。

10月，查理·马特从图尔向南部出发，途经旧罗马路，快要到达普瓦捷的时候，他的先锋队发现在整个地区大肆扫荡的阿拉伯—柏柏尔军队正往卢瓦尔河方向行进。查理·马特侦察敌军的动向，在厄德公爵部队的助攻之下，发起了几次进攻。他很快意识到，敌军的速度和机动性是他们遇到最大的障碍。他开始物色一个利于作战的位置。最终，他选择了位于今天普瓦捷和穆萨拉巴塔耶村（Moussais-la-Bataille）之间的海角。

冒着10月11日的严寒，查理·马特命令士兵手持盾牌，形成紧凑的步兵阵，在整个平缓斜坡排开，与罗马路平行。午间祈祷后，阿拉伯骑兵从山脚下发动进攻。阿拉伯人采取了名为"karr wafarr"的战术，让骑兵以极快的速度往前冲，构成前赴后继的密集冲锋阵，这个战术取得非常出色的效果，难以想象后续的威力会多凶猛。阿拉伯骑兵一波接一波地冲向法兰克士兵的阵营，而法兰克士兵，引用754年《摩萨拉比纪事》（Chroniques mozarabes）的作者的表述，则"屹立不倒，就像一堵不动的墙"。法兰克人的惊人抵抗力，来自他们的集结战术及近距离作战的灵活性。到了傍晚，查理下令前线部队对阿拉伯人发起进攻。他对敌方阵营发起猛烈攻击，杀死了阿拉伯人军队的首领以及数十名骑兵。剩下的阿拉伯人仓皇而逃。历史上的普瓦捷之战就是这样，剩下的说法都来源于普瓦捷之战的神话了。

这个神话主要描述法国骑兵的胜利，并强调了马镫在战斗中的使用。历史上查理的法兰克军队是一支纪律严明的步兵，身体强壮，以重斧和长剑为武器。也有人

▎在两个时代之间

普瓦捷之战，神话或是史实

这场被视为拯救欧洲的决定性战斗实际上只是一段小插曲，只是一次阿拉伯—柏柏尔人远征军与法兰克步兵队伍之间的小规模对抗。

阿拉伯—柏柏尔人在对阿基坦大区的一次扫荡中，入侵了夏朗德以北地区，与法兰克人正面交锋。他们遭遇了一次惨败，但不是决定性的，因为之后几年他们还发起其他的侵袭。查理·马特本人也无法帮助阿基坦的厄德公爵清除索恩河与罗纳河之间的阿拉伯势力。编年史家想象了另一个情景，他们将这次远征解读为阿拉伯人占领高卢的计划之一，因为之前他们已经占领了伊比利亚半岛。他们还认为这场法兰克人以希腊人对抗波斯人一般的英勇拯救欧洲的普瓦捷战役，只是一个神话。普瓦捷之战之后，查理·马特夺取了奥斯特拉西亚王国的政权，为他的儿子丕平成为法兰克国王铺平道路。宫相家族利用这场战役树立了威名。

插图 手持加洛林武器的骑马的战士，选自圣加仑的《金赞美诗》(*Psautier d'or*) 的彩绘画（现藏圣加仑修道院图书馆）。

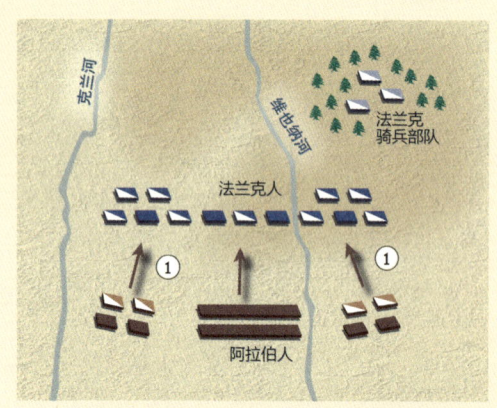

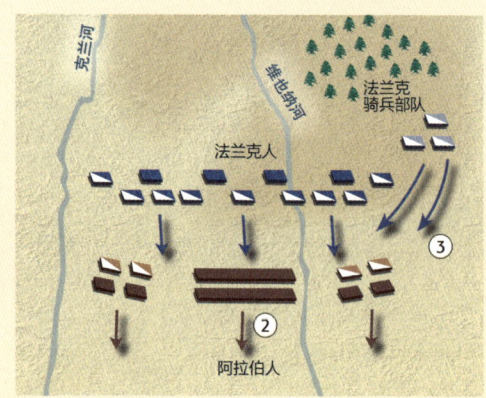

① **攻击** 两军对峙了六天，其间仅进行了几次小规模的冲突。战斗从第七天开始，阿拉伯骑兵发起了猛烈而迅速的进攻。

② **退军** 阿拉伯军中开始流传法兰克骑兵将他们在波尔多掠夺的战利品洗劫一空的传言，许多阿拉伯士兵纷纷返回营地。当阿拉伯军队的首领试图阻止退兵时，他被击溃了。

③ **反击** 法兰克骑兵一直镇守在查理·马特兵阵的北侧，对阿拉伯军队进行包抄式进攻，使阿拉伯军队溃不成军。

IOAB· ET PERCUSSIT EDOM IN UAL
LE SALINARUM · XII MILIA·

> 在两个时代之间

宣称这场战斗拯救了欧洲，改变了世界命运。这些不切实际的说法，恰恰证明了人们并不了解普瓦捷决战的本质。这场决战实际上捍卫了丕平宫相的家族地位以及法兰克对其他日耳曼人的霸权统治。

奥斯特拉西亚的墨洛温国王提乌德里克四世（Thierry Ⅳ）逝世后，查理·马特没有再推举新国王。普瓦捷战役使此前只能说是地中海文明前哨的法兰克王国，成了新的基督教文明中心。要想确认这一点，只需要注意到，卢瓦尔河以北的阿拉伯远征军从732年起就彻底消失了。而法兰克人开始了在比利牛斯山脉以南的讨伐。这一切都是普瓦捷决战带来的。

法兰克人的政权

查理·马特建立了一个依靠自由地主而存在的法兰克王国政权。自由地主由两个完全不同的群体组成。贵族阶级在当时被称为"强者"（potentes），指的是拥有广阔耕地的地主。这些人骑战马参加军事远征，在战斗中，从马上下来，加入自由人的步兵行列。自由人步兵指的是拥有小面积土地的农民，当时的史料称他们为"贫民"（pauperes），因为他们处于从属地位。他们是自由人，但不是贵族。

普瓦捷战役证明了另外一类士兵的存在，他们就是奥斯特拉西亚的"骑师"（caballarii）。战斗中，骑师高喊着冲向战场，头戴加固铁头盔，身穿铁钉的皮革战袍，右手挥舞铁尖标枪，还配有一把双刃剑。

查理·马特在统治期间，意识到过去几年，国家的重要命脉已被教会牢牢地握在手里。这对于想一统天下的国王来说，无疑是不能忍受的。他毫不犹豫地没收了教会的全部财物。如果他想继续维持一支战无不胜的军队，走向权力的巅峰，这个举措确实是必要的。查理·马特的这支军队主要由拥有土地的自由人组成，也包括一些工匠和工程技术人员，他们擅长操作弹射器、投石机和其他武器。在当时，社会地位实际上并不像某些历史学家认为的那么重要的骑兵（由拥有新军备的奥斯特拉西亚的"骑师"组成），开始攀向社会上层。

此外，行政、财政和军事机制整体的迅速发展也使教会感到担忧。教会拥有的财产减少了，政治影响力也不复往日。查理·马特打击教会权力的策略之一是任命其同盟者为主教，即使他们能力不够。面对神职人员对剥夺教会财产的抗议，查理·马特借助了"不确定占有权"（precarium）的法律武器，通过使用这项特许权利，他能够在不占有财物的情况下扣留教会人员的财物。

可敬者圣比德和《贝奥武夫》

在修士作家可敬者圣比德生活的时代，盎格鲁—撒克逊的国王逐步采取相应政策以适应基督教化带来的社会和文化变化，正是这些改革最终终结了麦西亚国王彭达（Penda）的统治，原本崇尚异教的贵族阶层也放弃了最后的坚持。彭达死后，他的儿子（有文献称是他兄弟）虔诚的天主教徒伍尔夫赫尔（Wulfhere，658—675年在位）继位，他即位后的第一项政策就是驱逐所有拒绝受洗的官员。

除了这个变化，社会生活依然保持原样。盎格鲁—撒克逊的精英阶层拥有2/3的土地。所有城市和重要村庄归"塔那"（thane，领主）管理，"塔那"可以是贵族，是主教，也可以是国王。公民集会，也称为"民间法庭"（tun-moots），是郡（shire）级法院。不过，只有土地所有者可以参加公民集会，他们最终形成了拥有决策权的"贤人集会"（witenagemot）。这种贵族寡头制，限制了国王的权力，这也是国王亲近教会的原因。

673年，由坎特伯雷大主教塔尔苏斯的西奥多（Théodore de Tarse）召集的哈特福主教会议体现了国王亲近教会带来的重要影响。在这次宗教会议上，教会废除了盎格鲁—撒克逊人的一项传统，禁止国王无缘无故再婚。王室的女眷开始在政治生活中扮演重要的角色，对社会的基督教化做出了自己的贡献。从此，国王要耐心地讨好她们，有时政事上也听取她们的见解。皇后成了教会的保护者，推动了修道院的修建。

韦尔茅斯—雅罗（Wearmouth and Jarrow）修道院就诞生于这样的背景下。修道院院长是波斯哥（Biscop），他是教士、作家圣比德的导师。圣比德著有一部具有强烈自传性的作品——《英吉利教会史》（*Historia ecclesiastica gentis Anglorum*，写于733年）。根据书中的记述，他从很小的时候就是一名虔诚的教士，能够读懂《圣经》的批注、布道词和各种经典著作，他长大后成了当时博学的智者。这部作品与大多数修道院史书不同的是，它不是一部枯燥的编年史，尽管书中记述了很多历史上的奇闻逸事。这是一本条理清楚、引人入胜的故事书，书中对盎格

■ 在两个时代之间

《贝奥武夫》，中世纪篇幅最长也最优美的盎格鲁-撒克逊诗歌

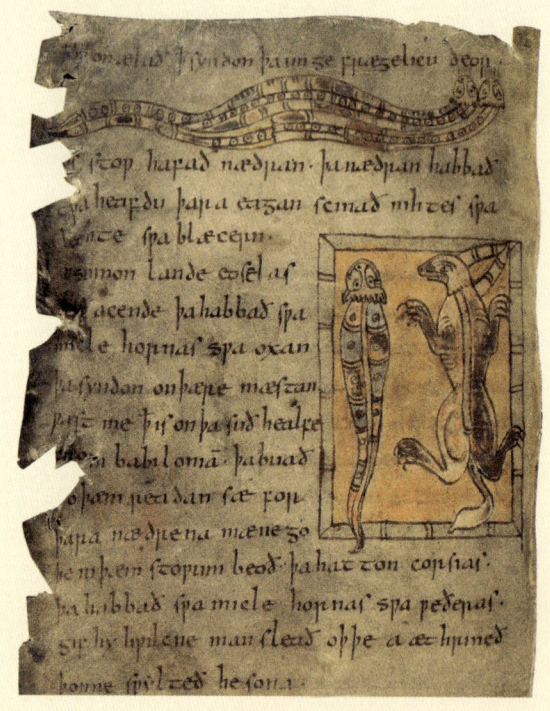

《贝奥武夫》（Beowulf）被认为是英语文学的重要作品，其价值可与法国的《罗兰之歌》（Chanson de Roland）或西班牙的《席德》（Poème du Cid）相提并论，这部作品自然而然地成了欧洲历史和文化史上的伟大史诗之一。

这首诗写于5世纪至6世纪，即日耳曼人的大规模迁徙时期，讲述了耶阿特民族英雄贝奥武夫的伟大事迹。人物在故事中面临的挑战越来越大。首先，贝奥武夫凭着少年的英雄主义与恶龙哥伦多对战，并徒手击败了它。之后他开始使用国王荷罗斯加（Hrothgar）授予他的"巨人锻造"之剑。贝奥武夫长大后出于保护人民的责任对抗巨龙，并在他的一名臣子的帮助下杀死了它。贝奥武夫的前两个事迹发生在丹麦，最后一个则发生在耶阿特王国。这暗示了这首诗的两个关键：第一个是丹麦文化背景，第二个则是耶阿特人的文化、政治和社会背景。两种文化之间有共通之处，从贝奥武夫返回国王海吉拉克（Hygelac）的宫殿的情节可以看出来。这部分体现的历史元素在整首诗中可信度最高，因为它呼应了海吉拉克对弗里斯兰人和法兰克人的讨伐，这个情节圣额我略在他的《法兰西历史》（Historia Francorum）中也提到过。

插图 摘自《戈登·维特里乌斯》（Cotton Vitellius，写于11世纪，是《贝奥武夫》唯一现存的手抄本（现藏伦敦大英图书馆）。

鲁—撒克逊人征战的描述就体现了这一点。可敬者圣比德非常严谨,注重细节,把所引用的文献出处都一丝不苟地标注了出来,就像他自己写的那样:"我不希望修道院的孩子读的书谎话连篇。"可敬者圣比德在书中还指出了当时岛上使用的五种语言——英语、布列塔尼语(凯尔特语或威尔士语)、爱尔兰语、皮克提什语(苏格兰)和拉丁语。英语是盎格鲁人的语言,但与撒克逊人的语言差别很小,两个民族可以顺畅沟通。盎格鲁—撒克逊语史诗中最杰出的代表作《贝奥武夫》就是用英语写成的,这部史诗11世纪早期的手稿现今保存在伦敦大英图书馆中。完整的诗集包括3183首诗,讲述了贝奥武夫在瑞典南部的伟大事迹。这位耶阿特王子漂洋过海,将丹麦国王荷罗斯加从巨龙哥伦多(Grendel)和它可怕的母亲手中解救出来。贝奥武夫统治了国家50年,直到另一条龙出现,他和巨龙搏斗,但在战斗中受了重伤。诗集结尾是这位英雄的葬礼,他在所有人面前被火葬。

可敬者圣比德

可敬者圣比德的《圣库斯伯特的生平》的插图页,手稿作者是耶茨·汤姆森(Yates Thomson),写于约1200年。插图描绘了林迪斯法恩的圣库斯伯特(saint Cuthbert de Lindisfarne)为水手祈祷,希望拯救他们于危难之中(现藏伦敦大英图书馆)。

查理大帝

　　这是阿尔布雷希特·丢勒（Albrecht Dürer）画的皇帝画像（现藏纽伦堡德国国家博物馆）。下页是9世纪加洛林风格的圣盘，圣盘的中心部分由产于1世纪的蛇纹石和黄金制成（现藏巴黎圣但尼大教堂）。

加洛林王朝

加洛林[49]帝国在查理大帝（Charlemagne）的统治下声名大振。他开创了将莱茵河周围的奥斯特拉西亚王国和纽斯特里亚王国联合起来的领土管理模式。边境体系在新的政治和管理机制中至关重要。作为皇帝，查理大帝渴望将欧洲变成一个统一的政治实体，他在欧洲历史上留下了深刻的烙印。

于8世纪离开了英格兰和爱尔兰修道院的学者在前往高卢的途中，发现旧时的古典文化已经严重衰落。他们中的许多人联手掀起了一股新文化潮流，旨在复兴拉丁文化，与拜占庭帝国弘扬的希腊文化分庭抗礼，但也绝不是延续罗马文化。当时，尽管教皇竭力宣扬自己是基督在人间的牧师，但仍面临着在国际政治格局中丧失影响力的严峻危机。显而易见，在君士坦丁堡，自称是由上帝派来管理教会的东罗马皇帝对教皇的尴尬处境感到沾沾自喜。

[49] 一般认为，"加洛林"的名称源自其最著名的君主——查理大帝的祖父查理·马特的拉丁语名字"Carolus"。——译者注

加洛林王朝的宫相

616—629年在位和639年在位

兰登丕平 达戈贝尔特一世罢免了他的职务，后来他在西吉贝尔特三世统治期间复职。

643—662年在位

老格里摩尔德一世 前任的儿子，他因叛国罪被处决。

687—714年在位

赫斯塔尔的丕平二世 "年轻丕平"。老格里摩尔德的侄子和继任者，查理·马特的父亲。

714—715年在位

年轻格里摩尔德二世 赫斯塔尔的丕平的儿子，先于父亲去世。他是纽斯特里亚王国、奥斯特拉西亚王国和勃艮第王国的宫相。

715—741年在位

查理·马特 加洛林王朝的创始人，加洛林王朝得名于他。他是赫斯塔尔的丕平的私生子。

741—747年在位

卡洛曼 查理·马特的长子，让位于兄弟丕平，然后退隐修道院。

747—751年在位

矮子丕平 他把最后一位墨洛温国王希尔德里克三世赶下台之后，设法使教会为自己加冕，成为法兰克国王。

而在西方法兰克人建立的纽斯特里亚王国，墨洛温国王的政治形象摇摇欲坠。墨洛温王朝奉行基督教和异教传统相结合的政策，国王的统治主要依靠一个古老的理念，即"君主高于凡人"。墨洛温国王通过徒手治愈病人的异禀印证这一点，这是国王的神圣血统最有力的证据。当时，纽斯特里亚王国的一个贵族家族，自兰登丕平时期就开始控制着默兹河、摩泽尔河和莱茵河一带的大部分领土，更因族人查理·马特的战绩而声名大噪。这个家族并不想冒犯深深扎根于人民心中的理念，但他们也开始怀疑，让形同虚设的国王继续统治王国是不是一件好事。他们的借口，也是教会偏爱的借口——墨洛温王朝属于异教徒，传说，墨洛温家族的祖先梅洛维国王由一只海怪产于罗纳河岸。

一如改朝换代的规律历史，墨洛温王朝的终结源起一系列复杂的事件，其大背景是发生在施瓦本地区对抗阿勒曼尼人的战争。747年，查理·马特的长子，时任二位宫相之一卡洛曼（Carloman）退位，遁入罗马附近索特拉山的圣西尔维斯特雷修道院隐修。查理·马特的次子，也是第三个以丕平命名的后裔丕平，借此机会登上了历史的舞台。他因为身材矮小，在历史上被称为"矮子丕平"。他轻易地（同时也是残忍地）打败了他的竞争对手。到了740年末，他收服了大量叛乱地区，以至于巴伐利亚公爵、撒克逊酋长、弗里斯兰军阀和塞普蒂米尼亚的酋长坐立不安，担心防御工事能否抵御如此强大的对手。但是，比起战争，矮子丕平对政治，尤其是对一个悬而未决的严肃问题更感兴趣：法兰克人的国王不再行使任何皇室权力，是好还是不好？他派了一个使团出访罗马，以维尔茨堡主教和圣但尼院长为首，就这一令人关注的问题听取教皇的建议。就这样，他的使者向教宗斯德望二世（Étienne Ⅱ）提问。斯德望二世的前任教皇匝加利亚（Zacharie）曾对此三缄其口。考虑到法国的境况，让握有实权的人拥有国王头衔不是更好吗？这次使者得到了他们的领主希望听到的答案："国王应该裁决。"（rex venit a regendo.）换句话说，教皇提议矮子丕平加冕为法兰克国王。斯德望二世这个答复不仅影响了罗马教廷和法兰克人，还影响了整个基督教世界，当然，更广泛地说，也影响了欧洲的形成。

矮子丕平的革命

751年，矮子丕平取得教皇的首肯，攻打纽斯特里亚王国不幸的墨洛温国王希尔德里克三世（Childéric Ⅲ）。教皇对意大利的伦巴第势力很忧虑。的确，伦巴第人刚刚征服了拉文纳，并篡夺了旧帝国的权力。矮子丕平以极富象征意味的手段结束了克洛维最后一个后裔希尔德里克三世的统治：剪掉了他的辫子，将他剃度，将他和他的儿子一起关进修道院。

随后，矮子丕平由"法兰克王国"（regnum francorum）的权贵阶级集会推选为国王，并由当时最著名的传教士圣博尼法斯（Boniface /Wynfrith）加冕，出席仪式的还有法兰克主教。就这样，矮子丕平成了民众口中和历史上的国王丕平三世（Pépin Ⅲ）。他当时37岁。他的合法妻子，孩子们的母亲，绰号"大脚贝特"的贝特拉达（Bertrade），经国王和教皇同意成为王后。革命到此结束。

矮子丕平罢免了国君，可能因此冒犯了基督教团体。为此，他邀请匝加利亚的继任者教皇斯德望二世来帮助他。754年秋末，一位罗马教皇踏入外高卢[50]的领地，这是有史以来第一次。他冒着暴风雪和浓雾，穿越了海滨阿尔卑斯省。不过，

---

[50] 外高卢，罗马人对阿尔卑斯山以北广大地区的称呼。——译者注

矮子丕平

摘自《伦巴第法律手抄本》（*Codex Legum Langobardorum*）的墨水画，描绘的是首都帕维亚投降后矮子丕平彻底征服伦巴第王国。伦巴第人从拜占庭帝国手中夺取的土地被永久赠予罗马教会。作为回报，丕平获得了铁王冠，并成为伦巴第国王（现藏卡瓦德蒂雷尼至圣三一修道院的档案馆）。

斯德望二世抵达高卢后，很快发现自己身处一片基督教的土地，教堂、隐修院和修道院随处可见，人们在其间传授基督的教义。斯德望二世对途中所见所闻感到欣慰。他拜见丕平。丕平对这位德高望重的教皇心生景仰之情，这位未来的君主竟为教皇当起了马夫，亲自牵引教皇的坐骑。丕平此举，成了拥护教宗崇高地位的范例。在此艰难时期，教皇的权威地位得以恢复。斯德望二世因此对丕平感激不尽。

在圣但尼大教堂，教皇斯德望二世为丕平及其子查理（Charles）和卡洛曼加冕，确认了二人作为法兰克国王的身份，使他们成为罗马的贵族。教皇还严令禁止推选丕平家族以外的人为国王，违者将被逐出教会。罗马教皇的决议巩固了新王朝政权。矮子丕平为了感谢教皇，派兵攻打意大利，（755 年）在仙尼斯峰狭道的堡垒击败了伦巴第国王艾斯杜尔夫。不过，这次胜利只是部分的胜利，或者说是伪装的失败。不久，艾斯杜尔夫包围了罗马，两年后，法兰克人的国王丕平返回意大利，围攻帕维亚，最终，艾斯杜尔夫国王投降。

一个新的理念开始在法兰克人心中萌芽，并在整个拉丁基督教世界流传开来：丕平是由上帝指派来稳定混乱的秩序，令世界重返光明的人。史官用"修正"（correctio）一词形容这一使命，因为这恰恰是对历史进程的修正。这就是为什么丕平欣然承认了《君士坦丁的捐赠》（Donation de Constantin）的真实性，尽管它是一份伪造的文件。在这篇惊人的宣言中，君士坦丁大帝（Constantin le Grand）将其对罗马、意大利和西方的控制权赠予教皇圣思维一世（Sylvestre Ier，314—335 年在位）："我们认为是时候转赠我们的帝国……既然神的皇帝建立了祭司的等级制度和基督教的首都，那么就不应当由世俗的皇帝行使权力。我们将罗马以及意大利和西部地区的所有省市，交与教皇和他的继任者统治，这些地区将服从他的管理。"

从这时起，教皇站在加洛林国王一边，以捍卫罗马的土地利益。东罗马皇帝的抗议无济于事。拜占庭派来的使者来到矮子丕平在帕维亚的营地前，却被毫不留情地打发走，没人听取他们的诉求。就这样，意大利的命运被永远封印了。矮子丕平横扫伦巴第大区，把占据的领地献给教皇，包括拉文纳和其他总督辖区，以及"五城督区"（Pentapolis），即里米尼和安科纳之间的沿海地带。自此之后很长时间，拜占庭的管辖仅限于对威尼斯以及驻守东罗马的将领和族群的地产。对于已经归属意大利帝国的领地，拜占庭只不过是一阵遥远的回声罢了。

麦西亚王国和威塞克斯的埃格伯特

757 年，即矮子丕平成为法兰克国王 6 年之后，奥发（Offa，757—796 年在位）被加冕为麦西亚国王。他被贤人会议（Witan）（世俗和教会的贵族）从

◆ 加洛林王朝

奥发长垣

1200多年之后,在英格兰和威尔士之间边界的绿色土地上,奥发国王修建的长长的防御工事仍然清晰可见。

王朝成员中推选为国王,一开始就获得了比前任埃塞尔博尔德(Æthelbald,716—757)更高的声誉。不过奥发还是继续完成其前任开始的大部分行政和财政工作。他在领土规划的连贯性中体现了自己的政策。奥发凭借个人权力促进了旧贵族到"领主"(thane)的转变。"领主"是新兴的官员阶层,以附庸身份服从于国王,不过国王也鼓励自由民成为忠于王室的旧贵族的附庸。

奥发国王因征服了威尔士和建造"奥发长垣"而闻名。该长垣至今仍存在,从迪河延伸到怀伊河,可防止牲畜被盗。此外,奥发还采取各种方法巩固麦西亚王国的货币体系,比如铸造银便士,一种仿制查理大帝时期戴纳尔硬币的币种,以及铸造马库斯金币，一种受阿拉伯第纳尔影响的钱币。第纳尔是奴隶贸易发展的一个标志。

奥发还让教皇阿德里安（Adrien）将利奇菲尔德（Lichfield）任命为麦西亚大主教。麦西亚王国位于泰晤士河与亨伯河之间，还包括北部的约克。为感谢罗马教皇的支持，奥发决定减免修道院占地的所有公共费，甚至规定贡品不交给国王，而是直接上交教会。通过这一系列措施，奥发发展起了与法兰克国王平分秋色的势力。奥发与诺森比亚的领主多次开战，虽然诺森比亚的修道院文化在韦尔茅斯—雅罗修道院的建立者、宗教贵族本笃·波斯哥（Benoît Biscop）的推动下辉煌一时，但其不堪一击的政治机制使奥发攻打起它易如反掌。

政治局势稳定的威塞克斯王国是麦西亚王国的强劲对手。威塞克斯王国当时制服了许多"埃德林"（aetherling）王子，他们是彻迪克（Cerdic）家族的后代，势力遍及各地，以"吉斯"（Gethiths，意指出身好的）为名。

威塞克斯的埃格伯特（Egbert, 802—839年在位）国王强烈渴望统一英格兰，他迫使当时英格兰岛上唯一没有直接臣服他的麦西亚王国和诺森比亚的所有领

加洛林领土贵族阶级

加洛林王朝统治的法兰克王国由两个完全不同的社会阶级组成：一个是权贵阶级，或称"领土贵族"（potentes）；另一个则是自由人，小农业主，被称为"贫民"（pauperes）。插图中是一位佩剑的加洛林王朝的贵族，其佩剑具有9世纪的特点，象征着领土贵族的权力。该图是捐赠给马莱斯韦诺斯塔的圣本笃教堂的壁画（现藏意大利上阿迪杰博尔扎诺）。

■ 加洛林王朝

加洛林帝国的格局

当查理大帝于 **814** 年去世时，加洛林帝国的边境体系从易北河口延伸到比利牛斯山脉，直到海边，仅在加斯科尼和布列塔尼两个地方被阻隔。

在比利牛斯山脉，查理大帝建造了一片飞地以阻挡阿拉伯势力的扩散，此处是西班牙边境地带。从比利牛斯山脉的东端开始，沿着海洋延伸到罗马南部，又是另一个边境地带。东部边境的界线存在动荡和变化：易北河将日耳曼世界与斯拉夫世界分隔开来；在中部，克尔科诺谢山、厄尔士山脉和波希米亚森林之间的边境地带分隔了捷克人和斯洛文尼亚人；在多瑙河以南，边境地带直达克恩顿省，成为东部稳固的疆界。所有这些边境地带都由专门的总督管辖，总督对皇宫负责，或直接与大使（Missi dominici）对接。帝国定期派军队来考察，罢免不稳定或者有独立倾向的边境总督，确保边境地区服从帝国管理。渐渐地，边境总督都从与土著民关系亲密且忠于该地区的本地贵族中遴选产生。

胜利的查理大帝

9 世纪的象牙双联画的细节图，描绘了胜利的查理大帝朝着他的敌人撒克逊人前进（现藏佛罗伦萨巴杰罗美术馆）。

主向他誓忠。他实现了这一伟大目标，大大强化了王室的理念。他设置了新的行政区划——郡，以取代罗马的旧行政区。盎格鲁—撒克逊王国，诸如萨塞克斯、埃塞克斯和肯特，后来成了威塞克斯的郡，接受威塞克斯的法律及其国王的统治。

隆塞斯瓦耶斯隘口战役：历史与传奇之间

矮子丕平于 768 年去世，将王位留给了他的两个儿子查理和卡洛曼。两名继承人按照法兰克传统划分土地，统治了王国 3 年。巧合的是，771 年，卡洛曼病倒了，不久便去世，他的兄弟独自掌权。但是，查理想要更多。他想要掌控一切。查理的丰功伟绩使他得名"查理大帝"。

- 查理大帝登基时（768年）的帝国版图
- 查理大帝征服的领地
- 边境地区
- 加洛林王朝影响的地区
- 教宗领地

查理大帝的辉煌人生始于一个大胆的决定，并由此一步一步地创造了许多传奇故事。

777年春，查理大帝在威斯特伐利亚的帕德博恩镇召开一次会议，目的是探讨新占领的萨克森王国的未来。三名阿拉伯使节出现在会议上，他们手持通行文书，从比利牛斯山脉过来。根据《帕拉蒂纳年鉴》（Annales palatines）中的评注，使节一行引起了参会的世俗和教会权贵极大的关注。距离法兰克贵族与阿拉伯世界的上一次接触，已经过去超过一代的时间。身体健硕的各族日耳曼人（法兰克人、阿勒曼尼人、撒克逊人、弗里斯兰人或勃艮第人）从盖着熊皮的木凳起身，好奇于这个不同寻常的使团为何而来。查理大帝的传记家艾因哈德

加洛林王朝

(Éginhard)的记录还原了当时的场景。

该阿拉伯使团,包括巴塞罗那和赫罗纳的阿拔斯王朝酋长萨勒曼·伊本·阿拉比(Suleyman ibn al-Arabi)、萨拉戈萨省执政官侯赛因·伊本·亚希亚·安萨里·伊本·萨阿德·奥巴迪(Al Hossein ibn Yahia al Ansari ibn Saad al Obadi)和韦斯卡省的执政官(其名不详)。他们向查理大帝控诉了科尔多瓦的倭马亚王朝酋长阿卜杜勒·拉赫曼一世(Abd al-Rahman Ier),说他试图占领整个西班牙王国。

编年史家艾因哈德所记录的这些,并不是一篇国际政治文章,阿拔斯王朝的使节不过是传达了一个关乎法兰克政权利益的信息,以满足他们自身的利益诉求。查理大帝知道自己必须做出选择,他决定支持巴格达的阿拔斯王朝哈里发穆罕默德·马赫迪(Muhammad al-Mahdi,775—785年在位),攻打科尔多瓦的倭马亚王朝酋长。因此,显而易见,将次年发生在西班牙王国的加洛林远征归因于宗教动机是一个严重的错误。实际上,这次远征仅仅是查理大帝实现战略目标的一步。查理大帝开始秣马厉兵。加洛林王朝的军队胜在其精密的排兵布阵以及严明的纪律。本次出征的目标是科尔多瓦,按照三位使节与国王在帕德博恩制订的计划,要抵达这里,必须先穿越萨拉戈萨的埃布罗(Ebro)。在艾因哈德提及的军官中,有必要强调一下布列塔尼精锐骑兵的司令官若兰(Hruodland),法兰克的武功歌将他化名为"罗兰"(Roland),使他成为无人不知的英雄人物。按照既定计划,士气昂扬的法兰克及其盟军(包括波尔多、布尔日、图卢兹、利摩日、克莱蒙和纳博讷等地的伯爵),于778年6月底挺进西班牙和"安达卢斯"的边境地带。科尔多瓦的倭马亚酋长发起了坚定的反击。一方面,他散布谣言,说一支由"乱臣贼子"组成的军队首次袭击了伊斯兰之地(dar al-Islam)——严格说来,他说得没错。另一方面,酋长阿卜杜勒·拉赫曼一世派特工给远征军的指挥官下毒,然后拦截了巴塞罗那附近的巴格达增援部队,并将之击退。

查理大帝在潘普洛纳停歇时,倭马亚酋长将整个精英军队集结起来,向萨拉戈萨行进。这支军队由巴尔干的斯拉夫人和非洲黑人组成,并得到众多叙利亚人和穆瓦拉德人(muwalads,皈依天主教的土著人)的支持。萨拉戈萨的执政官本打算见风使舵，然而他的如意算盘打错了，他发现自己要么选择科尔多瓦的酋长，要么选择巴格达哈里发的酋长，而前者的部队已经来到他的宫殿门口，他当时命悬一线。

查理大帝随后也前往萨拉戈萨，他深信侯赛因会如约向他敞开城门。他没有配备舻船和攻城机，因为他认为不需要。他越向埃布罗迈进，得到的消息就越令人不安。接下来，他得知倭马亚的酋长已经与奥斯特拉西亚的国王阿尔方斯二世（Alphonse Ⅱ）签署了条约，因此不能再指望他支援，而科尔多瓦的部队又已经占领了萨拉戈萨。当时查理大帝既没有围城所需要的武器，也没有所需要的时间，他很清楚自己刚刚围攻了帕维亚。他打道回府，取道比利牛斯山脉，也可能是像传说中取道隆塞斯瓦耶斯隘口，前去阿基坦。接下来发生的事情，更像是史诗，而不是历史。无论如何，《法兰克国王纪事》（Annales des rois francs）对这次出人意料的撤军给出了一个解释："像往常一样，撒克逊人再次叛乱，一些弗里斯兰人也倒戈了。这次萨拉戈萨战役，使查理大帝明白了帝国国际政治的一些基本原则。"

边境体系

查理大帝遭遇了萨拉戈萨的失利之后，更坚定了通过建立边境地带来保护幅员辽阔的王国的想法。首先是弗里斯兰的边境地带，它从地区东部延伸到斯海尔德河口。弗里斯兰人频繁发动反对法兰克人的政府的起义和战争，但查理大帝成功征服了善战的弗里斯兰人，并使他们归属基督教。

在新近皈依基督教的萨克森边界地区，易北河宽阔的河床成为法兰西东部的边界地带。在易北河岸上，一群查理大帝的士兵被任命为哨兵，他们坚信自己保障的不仅仅是河运，他们认为自己保护了整个基督教世界！在易北河另一侧的东部地区，一支名为"温多人"（vendos）的斯拉夫部落，生活在装饰着偶像和动物角的茂密丛林中，梅泽堡主教及编年史家智者蒂特玛尔（Thietmar）在两个世纪后，追溯起自己民族的这部分历史，称这种崇拜为"徒然的迷信"。查理大帝下令在这个基督教地区建立的防御中心是马格德堡堡垒。这个城市逐渐成为萨克森的边境首都。它

> 加洛林王朝

通过贸易管控盈利，逐渐发展成为繁荣的地区。这里还有人们引以为豪的霍夫宫殿，是驻军首领公爵的居所。

在多瑙河的中游，查理大帝建立了潘诺尼边境地带，以遏制阿瓦尔人的频繁入侵。阿瓦尔人因为长期的内讧战斗力减弱，但他们仍然控制着整个潘诺尼亚、卡尼奥拉和下施蒂里亚地区，以及多瑙河以西的蒂萨（Tisza）地区。危险的阿瓦尔人对巴伐利亚进行了非常强势的干预，并对边境实施严格的控制。公爵塔希洛三世（Tassilon Ⅲ）随后统治了该地区。他扶持克恩顿地区多次受到阿瓦尔人的进攻和威胁的斯洛文尼亚民族，这体现了他高超的政治手腕。通过这种政策，他轻而易举地使斯洛文尼亚人成为第一个接受基督教的斯拉夫民族。塔希洛三世的成功激起了查理大帝的嫉妒心，尤其当他得知塔希洛三世已经与拜占庭人、阿瓦尔人签署协议时，更是妒火中烧。战争一触即发。查理大帝打败了塔希洛三世，先是判处他死刑，之后减为剃发刑，将他禁足在一个修道院中。塔希洛三世渐渐被后人和历史遗忘。

巴伐利亚以南的领地经伊斯特拉半岛，与意大利相连，也就是伦巴第最后一位国王沦陷后建立的王国。该地区主要的问题来自贝内文托公国，该国与拜占庭帝国结盟，企图在整个意大利南部建立霸权。而拜占庭帝国仍然统治着南部的一些沿海飞地，以及日益重要的城市威尼斯。

在西部和南部，查理大帝不得不面对强大的阿基坦公爵家族。他多次尝试接近他们，都失败了。南部边界居住着不受法兰克人控制的巴斯克人。东部有若干小城镇，亚琛的官员将之纳入西班牙边境地带。然而，他们没能将易北河发展为边界以隔绝当时法兰克人最大的竞争对手——科尔多瓦的倭马亚王朝。

阿斯图里亚斯王国

隆塞斯瓦耶斯隘口战役获胜10年后，领导西哥特人在科瓦东加的抗击势力的传奇英雄，阿斯图里亚斯的国王阿方索二世（Alfonso Ⅱ，759—842）率领他的民众踏上去往杜罗河谷的征程，将阿拉伯—柏柏尔人建立的防御工事一一摧毁，以避免其势力向南扩张。阿方索二世绰号为"纯洁者"，为了扩大自己新建立的政权的影响范围，他一方面抵御法兰克人的压迫，另一方面又挑战倭马亚王朝在罗马西班

纯洁者阿方索二世：阿斯图里亚斯的国王，查理大帝的盟友

阿方索一世与贝拉吉（Pélage）的女儿埃尔梅辛迪（Ermesinde）联姻，建立了联盟关系，推动了坎加斯·德奥尼斯从一个小庄园到阿斯图里亚斯王国的转变。

到了纯洁者阿方索二世时期，阿斯图里亚斯王国真正成立。他被称为"神与人的王子朋友"，他表面赞同帝国政策，但也支持教会。这个教会深受西哥特文化，尤其是其礼仪和书写方面的影响。

插图 双膝跪地的纯洁者阿尔方斯二世，这幅彩绘画选自《圣约书》（ Livre des testaments ），是贝拉吉主教的作品（现藏奥维耶多大教堂）。

牙王国的霸权。他奉行扩张主义政策，越过了杜罗河界。随后，他将许多对酋长国的宗教政策感到失望的基督徒带回了这片土地。他们渐渐被专业神学家(faqîh)影响。这些基督教徒在安达卢西亚的城市，特别是在科尔多瓦，发动叛乱，被称为"莫扎拉布人"（ mozarabes ）。他们最终定居在杜罗河和阿斯图里亚斯河之间的半沙漠土地上。阿卜杜勒·拉赫曼一世之子，继承人希沙姆一世（ Hicham Ier, 788—796 年在位）出手击溃了莫扎拉布人的兵强将猛。793 年，酋长希沙姆一世的军队占领了奥维耶多，并将城市洗劫一空。但是，此时要使阿斯图里亚斯王国屈服，为时已晚。当时，在加利西亚一个偏远的村庄，人们发现了一位圣人的遗物，这位圣人很快就被确定为西庇太（ Zébédée ）的儿子——使徒圣雅各（ Jacques le Majeur ）。这个由一颗星星指示的村子成了孔波斯特拉（ Compostelle ），直到今天，仍然有许多教徒来这里朝圣。这一奇迹被发现后，阿斯图里亚斯国王巩固了他们在边界地区的地

137

位。拉米罗一世（Ramire Ier）决定与酋长国军队对战。一开始，尽管拉米罗一世占有山区的地理优势，但他无从下手，直到后来，传说骑白马的使徒圣雅各出现在克拉维霍的崎岖山地上，手里挥舞着一把剑。后来，形势真的出现了巨大转折。拉米罗一世，这个曾经心静如水地在提比里亚湖畔垂钓的人，转身变成了一个骁勇善战的将军，在接下来的中世纪里，率领所有基督徒战士冲锋陷阵。

如果不看阿斯图里亚斯王国和科尔多瓦酋长国的边界发生的许多大事件，不看深刻推动了宗教转变的圣雅克信仰，不看其对莫扎拉比基督徒群体（他们后来离开科尔多瓦，定居在杜罗河和埃布罗河以北）产生的重大影响，当时欧洲历史的主轴，其实还是在亚琛和罗马这条线上。

查理大帝的加冕仪式

新教皇利奥三世（Léon III）个性强势，8世纪末，查理大帝和罗马教皇之间的盟友关系进一步强化。这两人千方百计要使一个10多年来的现实通过法律合法化：让查理大帝成为基督教西罗马帝国的最高领袖。在距离476年幼年皇帝罗慕路斯·奥古斯都退位的324年之后，意图在君士坦丁堡皇帝之外另立新君的想法，还是很荒谬的。但一切在800年的圣诞节改变了。查理大帝的加冕礼将法兰克历代国王打下的基业推到了顶峰。皇帝的加冕仪式按照拜占庭的传统进行：本城的主教现身加冕，人民歌唱颂歌，所有在场者顶礼膜拜。尽管一开始各方各执己见，但最终所有意见都归结为"复兴"。又一个历史事件在充斥着阴谋诡计的宫廷里画上了句号。让我们来看看事件的经过。

799年4月25日，教皇利奥三世当选三年后，一行人前往罗马庆祝复活节弥撒，路上，他遭到一群武装人员的袭击。人群汹涌，民众纷纷控诉他所犯的种种罪行，包括通奸和背弃誓言。可以听见有人叫喊着挖下他的眼睛，割下他的舌头。最后，利奥三世设法逃脱了。他逃到法兰克国王那里，那是当时唯一可以帮助他的人。

当时，查理大帝在基督教世界的边界地区帕德博恩，在那里听闻他的朋友和盟友如何被残害的可怕细节。利奥三世与查理大帝相见的时候，事情就已明了。教

皇提醒查理大帝，必须尽一切力量捍卫罗马教会，并说进军罗马以匡正天主教秩序是他的职责。查理大帝应允，但没有马上行动，因为他意识到他处于教皇和罗马贵族之间，作为二者的仲裁者，处境尴尬。他还收到了控诉利奥三世的文书，情况更加复杂。800年12月，他来到罗马，宣布教皇无罪。据《法兰克国王纪事》记载，两天后的圣诞节，圣皮埃尔大教堂举行弥撒，当第三场弥撒接近结束时，查理大帝跪在使徒的墓前。接着，教皇利奥三世将王冠戴在他的头顶，当着教堂里的众人歌颂查理大帝，重复了三次加冕词："奥古斯都·查理！承上帝之命戴上金冠！天佑我罗马人的皇帝，赐予他和平、胜利！"然后，为印证他所致的加冕词，教皇向查理大帝行跪拜礼，磕

查理大帝的加冕

800年的圣诞节，查理大帝被教皇利奥三世加冕为皇帝。这是一幅历史主义的蚀刻版画，原创作者是约翰·弗里德里希·迪特里希（Johann Friedrich Dieterich，1787—1846）。该作品完成于1827年左右，后来重新着色。

查理大帝和亚琛的巴拉丁教堂

800年圣诞节,查理大帝被加冕为日耳曼神圣罗马的皇帝,此前不久他在亚琛(现今的德国亚琛)建立了首都。他下令建造了一座象征新的权力中心的宫殿。这座王室的复合建筑周围建起宫墙,这些宫墙有各种用途,也可以居住。亚琛宫殿内部包含两座对称的建筑:一座是大会堂(aula regia),模仿罗马大教堂而建;另一座是巴拉丁教堂(la chapelle Palatine)[51],模仿的是拉文纳的圣维塔大教堂和君士坦丁堡故宫的黄金餐室。亚琛教堂由建筑师梅斯的厄德(Eudes de Metz)负责建造。今天只剩下教堂部分,其中存放着许多珍宝,包括皇帝遗骨和各式艺术品。

插图 查理大帝神像的浮雕细节图,刻画的是皇帝将大教堂捐赠给圣母的场景(现藏亚琛大教堂)。

拜占庭风格的王室建筑

查理大帝在亚琛建造的复合建筑巴拉丁教堂,很快成为新世界秩序的象征和起点。皇帝查理大帝对原设计图多次提出修改意见,经过跟他的长时间沟通之后,建筑师梅斯的厄德负责了这项伟大的帝国工程。工程历时十年;这座复合性建筑落地面积超过20公顷,包含若干座建筑,其中最引人注目的是精美的巴拉丁行宫小教堂(Pfalzkapelle),这是一座宏伟的八角形建筑,艾因哈德将它命名为"圣母教堂"(Sainte-Mère-de-Dieu),赞美它"结构精妙无比"。巴拉丁教堂体现了明显的拜占庭风格,可能是模仿拉文纳的圣维塔教堂而建,或者是带有黄金餐室(Chrysotriclinos)的君士坦丁堡的皇宫而建。黄金餐室内呈八角形,设计精美。巴拉丁教堂由一座教堂和一座金色宝座大厅两部分结合而成。

[51] 巴拉丁(Palatine)在法语中指"皇室的"。——译者注

查理大帝像 雕像里面装着皇帝的遗骸。人像是木制的,覆有镀金的银层,上面的浮雕刻画了查理大帝的传奇故事。前面描绘的是查理大帝登上了教皇利奥三世和大主教兰斯的杜平（Turpin de Reims）中间的王位的场景。

教堂 八角形	² 副楼 指的是小	³ 守卫楼 根据罗马
,周围环绕着一	教堂及其周边附属建	建筑的传统格局,查
六面的回廊。穹	筑,包含了许多纯装	理大帝的这座宫殿内
拱顶上装饰着镶	饰性的建筑元素。圆	设两条主街道,在该
,画着启示录里	柱和大理石直接从罗	建筑的正中相交。
个老人。	马和拉文纳进口。	
回廊 长100米,	⁵ 大会堂 王国（之	⁶ 宝藏和文献处 位
会堂连接到小教	后的帝国）的大人物	于大堂附近的塔楼
中央一条宽敞的	年度会议在大会堂举	中,由一名内阁大臣
是通往皇宫建筑	办。当时人们在这里	和总理管理,是皇宫
主要通道。	讨论最重要的司法和	也是帝国的经济和政
	政治问题。	治的要处。

查理大帝的宝座 宝座位于入口处回廊上方的台子上。查理大帝在宗教仪式中就坐在上面。它由大理石制成,被认为是耶路撒冷圣殿中所罗门国王宝座的复制品。

头，双臂伸展——这是教皇只对君士坦丁堡皇帝所施行的礼节。教皇以此向全城和全世界（urbi et orbi）宣布西罗马帝国刚刚拥立了一位新皇帝。查理大帝成了皇帝，基督教西罗马帝国在欧洲复辟了。查理大帝实现了希坡的奥古斯丁[52]的梦想——他认为"人之城是上帝之城的轮廓"：拥有一个幅员超过30000平方公里的帝国，其北部和西部达到埃德、北海和大西洋；南至埃布罗、加里利亚诺和德拉瓦，东至多瑙河和易北河。

这个庞大的帝国中开始出现一种理念，认为帝国的政治统一应该建立在宗教统一的基础上。而为了实现这一目标，必须进行一场从政治文化本身出发的文化革命。阿尔琴（Alcuin）和他的英格兰继承人是这项艰巨的改革中的代表人物。

加洛林帝国

在某种程度上，约克的阿尔琴创作的口号促进了基督教帝国的统一，我们有时候从查理大帝的口中听到这个说法："罗马帝国的复兴（renovatio Romani

皇帝像

查理大帝（可能是他的孙子秃头查理）的青铜骑马雕像，他手里拿着地球，象征他的权力，制作于9世纪（现藏巴黎卢浮宫博物馆）。

巴拉丁教堂（第143页）

该建筑为八角形，是一栋坚固、宏伟且充满活力的建筑，一如法兰克人的理想。它效仿君士坦丁堡大皇宫和拉文纳的圣维塔教堂而建。

---

[52] 希坡的奥古斯丁（Augustin d'Hippone，354年11月13日—430年8月28日），罗马帝国末期北非的柏柏尔人，早期西方基督教的神学家、哲学家，曾任大公教会在阿尔及利亚城市安纳巴的前身希坡的主教。——译者注

■ 加洛林王朝

查理大帝与巴格达哈里发的联盟

9世纪初，查理大帝与哈里发哈伦·拉希德签署了一系列协议，打算联合起来对抗其政治对手拜占庭帝国和科尔多瓦的酋长国。在西班牙阿拔斯王朝派出第一个使团后，哈里发的真正大使来了，随行带来许多奢华的礼品。

哈里发送给亚琛的这批礼物中，有一头叫阿布·阿巴斯（Abul-Abbas）的大象，由一位犹太商人负责运送。这只动物一路沿陆路前进，穿过北非和意大利，先越过阿尔卑斯山，再到达德意志，行程跟汉尼拔（Hannibal）过去的远征相同。这个礼物体现了很重要的两点：一是哈里发对西罗马帝国的重视，二是可以看出当时贸易路线的开放程度已经很高了。与大象一起到达亚琛的，还有许多波斯和叙利亚的金银财宝，它们被用来装饰皇帝的房间，向来宾展示欧洲伟大帝国的雄大势力。这批礼物中也可能有棋子，因为下棋是哈伦·拉希德最喜欢的消遣方式。正是在这个时期，"安达卢斯"这个棋盘的革命开始了：经历了风云变幻，皇后取代了哈里发的大臣（vizir），成为棋盘上最强大的棋子。

插图 一只嵌有宝石的酒壶，这是哈里发送来的礼物之一（现藏瓦莱省圣莫里斯修道院）。

Imperii）。"二人在帕尔马第一次见面时，这位学者已经50岁，而查理大帝还不是历史的天选之子，而后，阿尔琴成了帝国的文化大臣。他对如何推动教育进步了然于心，他知道如何招募文士，并主持我们熟知的"帕拉丁学院"。复兴罗马帝国的理念是基于帝国要确保和守护各族之间的整体和平的原则。帝国需要一日都不松懈地维持和保护这种和平，无论是在国家生活的层面还是在个人思想的层面，希望有一天尘世的秩序如同天堂一样和谐。为了实现这一目标，人民必须随时武装起来，追随皇帝去任何需要的地方。

查理大帝一丝不苟地规范完善帝国的方方面面，从神职人员的仪式，到钱币的铸造，以及民间的史诗歌曲。他还鼓励复兴古典文化，其特点是复古罗马的礼节和服装，当然，这引发了一些法兰克传统主义者的不满。

加洛林的复兴运动无疑为发扬拉丁文化做出了贡献，特别是通过创造加洛林小草书体（一种在阿尔琴主导发明的书写形式）以及研究古典文字。这项努力推动了一种非凡的艺术的诞生，而这种艺术的巅峰之作无疑是亚琛的巴拉丁教堂。这座八角形结构的教堂让人想起拉文纳的圣维塔大教堂或君士坦丁堡的宏伟皇宫，可以认为此二者是其原型。查理大帝对查士丁尼二世在君士坦丁堡建造的豪华宝座大厅赞不绝口，于是下令为他自己的王朝建造一座宫殿，以供他主持各种仪式。作为一个务实的人，他为自己的帝国建筑寻求一个政治"参考"——他显然在过去的历史中找到了。这个决定似乎是注定的。罗马皇帝的幽灵时常浮现在他的脑海里。他的印章上面甚至刻着"复兴"（renovatio），这是他终生的使命。在这座模仿罗马君士坦丁堡皇帝的皇宫而建造的仿制宫殿里，811年，查理大帝接待了拜占庭的使团。然而，他局促不安的姿态凸显了自以为是的西罗马人与拜占庭人之间的隔阂之深。君士坦丁堡的外交官跟"蛮族"人打交道的经验颇丰。因此，他们还是毕恭毕敬地亲近这位新"皇帝"，承认他的皇帝地位，不过，他们在内心已经确信这个日耳曼民族早晚会暴露粗鲁的本性。

在两大帝国这次会晤之前，发生了一些重大的事件。其中最具决定性的事件发生在786年的巴格达。那一年，哈里发哈迪（Al-Hadi）突然去世，让位于弟弟哈伦·拉希德（Harun al-Rashid）。这位巴格达阿拔斯王朝的第五位哈里发，在所有哈里发中最出名，也最有涵养。他喜欢探讨哲学，对饮酒诗、美酒甚至年轻人的想法都很感兴趣。他不仅思想开放，还有一个政治目标——控制其他所有穆斯林，从科尔多瓦的倭马亚王朝开始。

另一个重要事件是查理大帝决定占领巴塞罗那，并将它变成帝国坚固的边境地带的首都，以遏制倭马亚王朝的扩张。这一系列事件同时发生并非偶然。哈里发派往亚琛的使团就是最好的证明，该使团满载价值连城的礼物，前来祝贺查理大帝加冕和法兰克人占领巴塞罗那。802年7月20日，查理大帝在新建的巴拉丁教堂接待了一个直接从巴格达而来的使团，该使团还带着哈里发哈伦·拉希德送的许多礼

物。在这一大批礼物中，一头名为阿布·阿巴斯的大象令皇帝在诧异之余，龙颜大悦。这头大象在商人犹太人以撒（Isaac）的引导下，长途跋涉了 4000 公里，从巴格达穿过北非，来到了热那亚。这头珍贵的大象显示了阿拔斯王朝的外交意愿，也表达了对加洛林王朝的谢意，感谢查理大帝制定了一项将巴格达哈里发和新西罗马皇帝的利益结合在一起的国际决策。查理大帝从倭马亚王朝手里夺取了巴塞罗就是最完美的体现。与大象一同到来的，还有一只黄铜的漏壶。巴格达哈里发送到亚琛的大象和漏壶令整个巴拉丁礼拜堂为之惊叹，它们象征着从此这两个东西帝国之间缔结为盟友。

虔诚者路易

814 年 1 月 28 日，查理大帝在他最钟爱的亚琛宫殿中去世，享年 62 岁。他被安葬在附近的一座用来自拉文纳的大理石建成的大教堂中。一年前，他为儿子路易（他唯一幸存的儿子）加冕。查理大帝此举是对教皇的挑衅：教皇没有被邀请来参加仪式。查理大帝想通过这次加冕典礼向全世界宣告，欧洲的未来只能是属于法

虔诚者路易一世

813 年，老查理大帝将儿子路易加冕为皇帝，确保了他去世后帝国的统一。这项指定唯一继承人的政策结束了法兰克王国特有的由多子分割领土的传统。路易统治了很长时间，但他的儿子并不和睦，他们不同意由长子洛泰尔继承整个帝国。

插图 9 世纪富尔达修道院的彩绘画路易一世（现藏维也纳奥地利国家图书馆）。

兰克帝国的。

虔诚者路易是一个非常虔诚的信徒，他秉性纯良宽厚。他的宫廷传记记载说他在正式场合从来不苟言笑。据说，他不喜乐曲和寻欢作乐。他这一生受前面几任妻子的影响很大，她们分别是埃斯拜的埃芒加德（Ermengarde de Hesbaye）、巴伐利亚的朱迪特（Judith de Bavière）和桑斯的希欧德琳（Theudelinde de Sens）。但是他受宗教观念的影响更大。虔诚者路易在执政初期所做的一项决策清楚地证明了这一点：他从自己的姐妹开始，将所有他认为不体面的人都逐出宫廷。在宴会上，人们再也听不到女眷和陪侍者的欢声笑语，取而代之的是神职人员的沉默。

同时，虔诚者路易开始限制帝国对权力的滥用。他继承了父亲的帝国，却不打算以父亲的方式执政。在宗教方面，他推行阿尼昂的圣本笃（Saint Benoît d'Aniane）推崇的极其严酷的修行方式。虔诚者路易对罗马教皇非常敬重，他的整个随从班子中大多数都是神职人员。他的虔诚以惊人的速度激怒了贵族，特别是在这种虔诚与贵族的利益相违背的情况下。虔诚者路易决定，非但不将土地归还给弗里斯兰和萨克森的贵族，还取消了贵族在旅行中享有被充分照顾的权利（fodrum）。

816年，教皇斯德望四世（Étienne Ⅳ）越过阿尔卑斯山，在兰斯为路易皇帝封圣，他认为路易是第二个大卫（David）。仪式结束后，路易颁布了帝国的通用宪法。这项继承法将彻底激怒他所有的儿子，除了他的长子兼继承人洛泰尔一世（Lothaire Ier）。

在虔诚者路易统治的头几年里，他继续维持他父亲与外国达成的协议。因此，拜占庭和"蛮族"还会派使团来访亚琛。虔诚者路易还几次战胜了斯拉夫人。然而，他的死板做派和婚姻关系很快导致政权内部分裂。变故始于一件微不足道的小事。路易的第一任妻子埃芒加德（Ermengarde）去世之后，他决定再婚。于是，他组织了一场国内年轻女孩儿的选美比赛。他最终选择了阿尔特多夫[53]韦尔夫[54]公爵（Welf d'Altdorf）的女儿朱迪特为妻。一场将导致帝国灭亡的政治危机就因这桩

---

[53] 阿尔特多夫（德语：Altdorf），德国莱茵兰-普法尔茨州的一个市镇。——译者注
[54] 韦尔夫家族或韦尔夫王朝（英语：Welfen），德国传统贵族世家。——译者注

加洛林王朝

婚姻而起。823 年，朱迪特诞下了未来的秃头查理（Charles le Chauve），孩子自出生起，就由塞普蒂米尼亚的伯纳德（Bernard de Septimania）照管。这个充满活力的人物，曾是巴塞罗那和张伯伦的伯爵，时任财政部的最高职务。于是，按照日耳曼的旧传统，财政部的监管权（inspection）就落入了皇后之手。自此，朝廷分成针锋相对的两派：一派是皇后、她的儿子秃头查理和伯纳德，另一派是查理的三个哥哥，他们是虔诚者路易与埃芒加德所生。接下来便开始了内战背景下的宫廷斗争。

830 年，贵族发动叛乱，迫使虔诚者路易应允长子洛泰尔（Lothaire）的要求。洛泰尔指控塞普蒂米尼亚的伯纳德与皇后私通，最终朱迪特被迫当了修女。但是叛乱者变本加厉，要求虔诚者路易退位。太过分了！次年年初，在奈梅亨举行的一次会议中，虔诚者路易在东部法兰西和萨克森贵族的支持下重新掌权。他将妻子接出修道院，并恢复了伯纳德的职务。但是，和平只持续了几个月。832 年发生了第二次动乱，发起者是他的儿子，当时被人们称为"日耳曼人路易"。冲突陷入了僵局，人们寻求能让各方都满意的解决方案。最终，经过罗特费尔德（Rothfeld）的谈判，叛乱结束了。这次谈判引发了多方的仇恨，因此谈判地点被称为"谎言之地"（Lügenfeld）。被家人遗弃的皇帝虔诚者路易来到长子洛泰尔的驻地，洛泰尔对他提出了许多严酷的条件。虔诚者路易最终恢复了皇帝的身份，但是王室的威望受到严重损害。840 年，虔诚者路易去世，他幸存的三个儿子：洛泰尔一世、日耳曼人路易和秃头查理之间进行了一场残酷无情的战争，洛泰尔不幸遭遇失利：他被两个结盟的兄弟打败了。最惨烈的一次失利发生在欧塞尔附近的丰特奈，洛泰尔从此再无可能维持其父亲和祖父留下的帝国的统一。

842 年，获胜的日耳曼人路易和秃头查理两兄弟率军在斯特拉斯堡会面。在这次会议上，路易用拉丁语发誓说，在必要的情况下他会向查理施以援手，这是一个好人应该为兄弟做的事，以及路易永不会联合兄弟洛泰尔谋算查理。而秃头查理也用"德语"（Teudisca Lingua，古高地德语）在路易的军队面前起誓。不过，最终迫于形势，三兄弟之间达成了一项最终协议，因为路易之前企图通过武力夺取统治权的计划彻底失败了。就这样，三兄弟同意分裂帝国。

《凡尔登条约》与《墨尔森条约》

根据843年签署的《凡尔登条约》，皇帝虔诚者路易的三个儿子将查理帝国分成了法兰西、荷兰和德意志，以及意大利的独立领地。这种分裂既是政治上的，又是语言上的：拉丁语让位于罗曼语和日耳曼语。

根据该条约，洛泰尔一世承袭皇帝的称号，并分得从北部的弗里斯兰到南部的教皇国边界的领土。日耳曼人路易分得莱茵河以东和阿尔卑斯山以北的国家，不过他还占据了莱茵河左岸的城市，如斯皮尔沃尔姆斯和美因茨。最终，秃头查理分得位于谢尔德、默兹和罗纳河所形成的防线以西的土地。

这次领土分布奠定了欧洲形成的基础：东部日耳曼人的领土与西部罗马人的领土划清界限。这是建立在不同民族和不同语言的基础上的新帝国和新国家形成的起点。从长远来看，归属洛泰尔的洛萨林吉亚（Lotharingia）地区一开始最具优势，后来变得混乱不堪，战事不断，皇帝的头衔在这里也起不了什么作用。这就是870年在墨尔森签署的新条约中，规定将洛林和弗里斯兰的大部分地区划给日耳曼人路易的原因。

《凡尔登条约》表明帝国思想处于长期退化的状态。仅仅在40年前，还处于巅峰的帝国，各个方面都正在黯淡褪色，无可挽回。当时流言四起也就不足为奇了，大家都传说查理帝国是闪烁着明亮的恒星的一团迷雾，现在恒星相继褪去光芒，帝国将重归黑暗。

洛泰尔将土地分给三个儿子，欧洲局势变得更加恶劣。他将意大利交给了850年被加冕为皇帝的路易二世（Louis II）。洛泰尔二世（Lothaire II）则分得洛萨林吉亚，其中包括勃艮第的大部分地区。查理（Charles）分得普罗旺斯和里昂。这个消息一出，秃头查理和日耳曼人路易站出来，要求瓜分侄子们的土地。这项新决

《凡尔登条约》与《墨尔森条约》：统一帝国的分裂

843 年，虔诚者路易的三个继承人儿子按照政治和语言因素分割父亲的王国。其中长子洛泰尔保留了罗马皇帝和统治者的头衔。

《凡尔登条约》 洛泰尔一世、日耳曼人路易和秃头查理分别割据一方。

插图 《法兰西大纪事》(Grandes chroniques de Francie) 的彩绘图（现藏巴黎国家图书馆）。

议的煽动者，是在当时颇具影响力的主教——兰斯的安克马尔（Hincmar de Reims）。他因为撰写关于贵族婚姻的教会法典而闻名。这位教会人士，对查理大帝的所有后代都产生了巨大的影响。当时，洛泰尔二世休了妻子特伯加（Theutberge），与出身卑微的沃尔德拉德（Waldrade）在一起，他俩有一个私生子，深得洛泰尔二世的疼爱。安克马尔借此机会站出来谴责国王，声援皇后。秃头查理趁机攻入侄子洛泰尔二世的领地，企图

中法兰克王国 父亲去世后,洛泰尔继承了中法兰克王国,这个王国地域辽阔,各族混居,无论是语言还是气候,都有很大差异,各地区相互割裂,不受天然边界保护。这里有帝国首都亚琛和法兰西的中心,即洛林。

滨海地区 洛泰尔还得到了通向地中海的勃艮第和普罗旺斯。洛泰尔的领地清单上都是荷兰或意大利的城市,这些城市商业和贸易前景广阔,但没有共同的发展目标。

纽斯特里亚、阿基坦和西班牙边境 秃头查理得到了西法兰克王国,该领土是未来法国的核心地区。它逐渐地吸附了毗邻的外省、城市和修道院,强化了该地区的实力。

北意大利 帝国位于意大利半岛上的领土也落入洛泰尔手中。洛泰尔国王在这里的统治困难重重,因为这些土地仍然保留着对伦巴第统治非常生动的回忆。

巴伐利亚、施瓦本、萨克森和图林根 日耳曼人路易得到了通用德语的北部地区,以及法兰西王国的最东端法兰克尼亚,该国后改名为日耳曼尼亚(Germania)。

吞占该地。这次进攻引起了查理大帝的继承人之一,年轻的路易二世皇帝的反应。看到叔叔如此蛮横,他对兄弟感到非常同情,于是向教皇尼古拉斯一世(Nicolas Ier)求援,攻打还在观望之中的叔叔——日耳曼人路易。查理和路易趁此机会夺取了侄子的土地,为此,他们于870年8月在墨尔森会面,他们在这里按照王国的均分原则,瓜分了查理帝国。

151

布里屈埃贝克的诺曼塔

    10世纪，诺曼人在科唐坦半岛殖民，这些圆柱形或八角形的石塔在其殖民活动中起到推动作用。这些曾经的重要堡垒后来被重新修复，用作封建城堡。下页是来自杰蒙德布遗址的维京头盔（现藏奥斯陆国家古迹博物馆）。

严酷的考验

9世纪中叶，欧洲经历了最后的考验：诺曼人开始在海岸上兴风作浪，掠夺沿岸城市和修道院。不久，东方的马扎尔人加入了这个游牧民族的行列。诺曼人融入欧洲大陆是一个重要的政治和宗教事件，对欧洲大陆身份的构建有着重要意义。

在9世纪40年代，斯堪的纳维亚半岛是危险的代名词。那里居住着一些以捕猎和放牧为生的彪悍的民族，按照历史学家约尔达内斯几个世纪以前的说法，他们"不择手段"。从前，法兰克历史学家在研究他们所说的"北人"时采纳了这种观点。种种传说、故事，更激发了他们对这片位于北大西洋的"中间领土"的兴趣。尽管一些传教士了解斯堪的纳维亚神话中的索尔（Thor）、奥丁（Odin）或弗雷雅（Freyja）……这些将各民族团结在一起的神力，以及万物有灵论的萨满的灵力，但他们还是冒险踏入了这片寒冷地区。这些北方游牧民族，在历史上被称为"维

■ 严酷的考验

8 世纪和 9 世纪维京人的扩张

从 793 年开始，两个世纪以来，维京人从斯堪的纳维亚半岛出发，其远征势力达到了遥远的黑海或加拿大，不过，英属三岛仍是其主要目标。

在 8 世纪和 9 世纪，斯堪的纳维亚民族疯狂扩张。根据其起源和聚居地，他们可以分为三类：挪威人，他们沿西北到法罗群岛的路线到达赫布里底群岛，然后是冰岛和格陵兰，最后到达拉布拉多半岛和纽芬兰的海岸；丹麦人，他们将扩张的重点放在爱尔兰、苏格兰和英国，占领了诺曼底并沿着伊比利亚半岛到达地中海，然后入侵西西里岛，在那里建立了一个王国；最后是瑞典人，也被称为"瓦良格人"（Varègues），他们从波罗的海向西行进到维斯瓦河口，然后向东朝罗斯的大湖方向行进，到达伏尔加河，然后下到里海，到达巴格达和其他地区，或第聂伯河流域，他们沿河流航行到黑海，再从这里抵达君士坦丁堡。

维京人对欧洲的入侵和占领

793 年

掠夺林迪斯法恩

维京远征军袭击并劫掠了林迪斯法恩修道院和雅罗修道院。两年后，在爱尔兰和苏格兰也发生了几起袭击事件。维京时代正式开始。

823 年

尝试基督化

兰斯的埃邦主教（Ebon de Reims）为传福音抵达丹麦。826 年，不来梅的奥斯卡（Oscar de Brême）主教跟随他的足迹，并于 852 年前往瑞典。

844 年

首次袭击伊比利亚半岛

在洗劫了阿基坦大区之后，维京人抵达加利西亚海岸，占领并掠夺了塞维利亚。

874 年

冰岛的殖民化

挪威人殖民者开始在冰岛定居。933 年，他们建立了一个人民自由平等的国家。

1066 年

维京时代正式结束

试图夺取英国王位的挪威哈拉尔德三世（Harald Ⅲ）之死，标志着维京时代的终结。

京人"。维京人（"Vikings"）的名称来自古北欧语"faraí víking"，表示"出征"。11 世纪编年史家和地理学家，主教不来梅的亚当（Adam de Brême）有一句著名的箴言，阐明了维京人和海盗之间的联系："这些海盗以及海盗本身都可称为维京人。"（Ipsi vero pyratae quos illi Wichingos appellant.）12 世纪伟大的冰岛作家斯诺里·斯特鲁森（Snorri Sturluson），将维京人定义为一个"常年远行，经常在商贸差旅中，因此知道很多地方"的人。如果说维京人的定义很复杂，那么在 793 年至 1103 年间维

京人对外扩张并建立起其牢固的文明的历史就更是如此。

维京人在欧洲

维京人入侵西欧一开始是为了复仇。这就是我们今天对于斯堪的纳维亚人对不归他们统治的土地，包括今天的挪威、瑞典和丹麦地区如此敌对的原因的解释。一切从 793 年 6 月 8 日维京人掠夺诺森比亚王国的林迪斯法恩修道院和雅罗修道院开始。紧接着，许多其他修道院遭受了同样的命运，哪怕是那些非常偏远的

维京人头盔

浪漫主义重新赋予了维京人理想的形象，瓦格纳的歌剧《众神的黄昏》(Crépuscule des dieux) 就是其中的代表作。在这部作品中，歌剧大师讲述了北欧世界的终结 (Ragnarökr)。战士戴着角盔，金发碧眼的形象，纯属虚构。不过这些头盔是例外。目前现存的少数头盔具有礼仪功能（现藏奥斯陆的维京舰队博物馆）。

155

■ 严酷的考验

维京人的目标：修道院及其宝藏

在 9 世纪中叶，爱尔兰和苏格兰的众多修道院不断遭到围攻。其时，维京人发现了修道院的瑰宝，也发现修道院防守脆弱。教士不愿与之对战，只是建造了一些防御塔。

793 年 6 月，维京人开始频繁抢劫不列颠群岛的修道院。第一个被记录在册的是林迪斯法恩修道院，这里珍藏着岛上最精致的手抄本。《盎格鲁—撒克逊纪事》(Chronique anglo-saxonne) 记载了这次袭击："6 月的第六天，异教徒残忍地摧毁了林迪斯法恩的教堂。"他们并没有就此止步，他们还折磨并杀害教士。在 801 年、806 年和 867 年，他们又进行了几次入侵，想要烧毁重建的修道院。最终，这一伟大建筑被彻底损毁了。通过一系列抢劫，维京人掠夺了修道院珍藏的大量宝藏。他们就是冲着这些财富而来，因为他们的社会就建立在巧取豪夺的基础上。插图：林迪斯法恩修道院的废墟，该修道院由圣高隆邦的门徒圣爱当（Aidan）建在林迪斯法恩岛上。

修道院。维京人进攻并殖民了奥克尼群岛，然后定居在设得兰群岛和赫布里底群岛，他们称为"南部岛屿"（Sordor）。无论他们去到哪里，都会用古北欧语给征服的地方重新命名。考古学的发现，证实了维京人令皮克特民族黯然失色的强悍战斗史。维京人所到之处，原有的圆形或八边形建筑——这是凯尔特人或皮克特人传统的特色——都被典型的斯堪的纳维亚风格的直线住宅迅速取代。马恩岛和西威尔士也遭遇了类似的侵袭，维京人在此建立了第一个定居点。不过，被摧残最严重的城市当属多雷斯塔德。这个商业港口，位于弗

里斯兰海岸的莱茵河口，大约820年，是整个北欧最大、最活跃的港口。30年间，由于维京人的一再攻击，多雷斯塔德完全消失了。

简而言之，维京人对爱尔兰、威尔士、英格兰和苏格兰造成了巨大破坏，还摧毁了曾经骄傲的加洛林帝国。但是，维京人不仅是掠夺者，还是"企业家"，他们的活动不仅出于战争目的，还出于商业目的。这个民族不断地寻找新贡品，将抢劫视为经济的引擎和社会的基础。不过，维京人也接受其他文化的渗透，这就是为什么他们很快被基督教丰富的精神吸引。维京人听从传教士的

爱尔兰十字架

带有叙事主题的十字架在爱尔兰被用作传播福音的工具。这种十字架内容丰富，且具有很高的艺术价值。图中的十字架来自克朗麦科诺斯（Clonmacnoise）修道院。

训导，以至于两三代人之后，他们就抛弃了旧神坛，皈依基督教。

维京人在欧洲的入侵产生的作用是矛盾的：他们统一了南欧——一个当时政治结构支离破碎的世界，同时又在彼此不往来的领土之间架起了桥梁。从都柏林到基辅，维京人在北海和波罗的海建立起强大的贸易网络，他们不仅运输货物，也促进了思想的交流和人口的流动。因为他们，欧洲的版图几乎完整了。

不列颠群岛的维京人

在9世纪中叶，维京人最向往的是地域最辽阔的不列颠群岛地区。对于这群掠夺者来说，不列颠群岛上藏品丰富、充满精巧的金器珍宝的修道院简直太容易攻下了。教士们很快学会了建造圆形塔楼：塔楼一楼没有任何入口，他们将修道院的金银珠宝藏在楼上，以绳梯为连通上下楼的通道。受破坏最严重的地方之一是诺森伯兰伯国的林迪斯法恩岛修道院，它曾遭到多次掠夺和破坏，875年最终被废弃。

爱尔兰也遭受了多次袭击。根据《爱尔兰纪事》(*Chronique d'Irlande*)记载，9世纪40年代，大约有50个修道院受到袭击，包括格兰达洛、班戈、莫维尔、克朗费尔特、克朗马克诺瓦什，甚至是圣布里吉特（sainte Brigitte）的故乡基里代尔。也是在这个时期，圣帕特里克的宏伟建筑物阿马[55]教堂被烧毁。面对来势汹汹的维京人，许多修道院的教士慌忙将书籍和金器掩埋起来，或者送往内陆。人们认为，正是通过这样的方式，来自林迪斯法恩修道院的最伟大的福音派抄本《凯兰书卷》才得以在掠夺和破坏中保留。

维京人的入侵宣告爱尔兰维持了几百年的文化的终结。不得不承认，是得益于爱尔兰文化，利默里克、科克、韦克斯福德、沃特福德和都柏林等城市才得以建立。面对接连不断的侵略，爱尔兰国王做出了坚定的回击。848年，塔拉的国王梅尔·彻克奈尔（Mael Seachnaill），在米思（Mide）王国击败了一群维京人。在一场战役中，有近700名战士丧生。同年，芒斯特和伦斯特的国王在基尔代尔附近

---

[55] 阿马（英语：Armagh，爱尔兰语：Ard Mhacha），英国北爱尔兰阿马郡阿马区的城市，北爱尔兰五座城市之一。——译者注

的卡斯特德莫特赢得了更重大的胜利。然而，这些胜利招来了新的远征军。今天我们知道，在849年，一个新的军事首领率领了20艘维京军舰抵达爱尔兰。这个被下属称为"国王"的人，将爱尔兰的所有维京人纳入麾下。

同时，人数一直更多的丹麦维京人在英格兰地区非常活跃。他们曾在此居住，对此有一个无可争议的证据。851年冬，他们在此建立了一个营地。50年前，他们首次进入威塞克斯海岸：波特兰（Portland）的一名官员误将维京人当作商人，他想把他们到来的消息告诉上级的时候，维京人杀死了他和他的同伴。从那时起，维京人的进攻就成了家常便饭。835年，一群丹麦人登陆谢珀岛。一年后，威塞克斯的埃格伯特国王被一支由35艘船组成的丹麦人舰队击败。但是，两年后，埃格伯特国王在康沃尔郡的欣斯顿唐又击败了他们。这些事件正式拉开了维京人入侵的序幕。860年，被盎格鲁—撒克逊人称为"雄师"（micel here）的维京人军队开始大举入侵英格兰。当时维京人部队主要是丹麦人。接下来，历史结合了部分传奇，尤其是朗纳尔·洛德布罗克（Ragnar Lodbrok，意指"绒毛长裤"）的故事。这位维京人的大首领在诺森比亚国王艾勒（Alle）的蛇坑中死去，激怒了北欧的萨加人。865年，朗纳尔·洛德布罗克（Ragnar Lodbrok）之子无骨人伊瓦尔（Ivar le Désossé）和哈夫丹（Halfdan）率领的第一支"雄师"出现在东英吉利海岸。两兄弟于866年11月21日占领了约克，杀死了杀害他们父亲的罪魁祸首——诺森比亚的艾勒国王，并将他扔进了可怖的坟墓。约克成了维京人掠夺诺森比亚的基地，维京人还要求王国缴"遣散费"（danegeld），也就是得向他们缴纳贡品，他们才会退军。维京人随后去了南部，定居在雷丁，他们将这座城市武装成重兵把守的要塞。他们时不时外出洗劫周边地区。麦西亚王国是首当其冲的受害者。873年，维京人在列普顿的中部安营扎寨。国王伯格雷德一世（Burgred Ier）被迫退位，出逃到罗马。维京人将切奥尔伍尔夫二世（Ceolwulf II）推举为国王。维京人还不满足，向北进军，意图占领德伊勒[Deira，即现在的约克郡（Yorkshire）]。维京士兵瓜分了德伊勒的土地。丹麦人的殖民者包括自由人和解放人，他们将德伊勒变成了一个半斯堪的纳维亚的国家。驻扎在列普顿的其余丹麦人"雄师"在三位国

严酷的考验

王的指挥下，向东前进至剑桥。"雄师"军队的领袖是古斯鲁姆（Guthrum）。他开始逼近威塞克斯王国。

阿尔弗雷德大帝

国土狭小的威塞克斯王国毗邻康沃尔郡和威尔士王国，它在9世纪中叶经历了一个特别艰难的时期。这片撒克逊人的土地位于英格兰西部，由彻迪克家族的后人统治。

彻迪克家族对盎格鲁—撒克逊文化的未来至关重要。威塞克斯的统治者努力巩固王国的文化框架，并逐步实现文化的统一。在当时的背景下，威塞克斯取得了大战的胜利。整个王国到处都是不设防御的修道院，这些修道院后来成为维京人的掠夺目标也就不足为奇了。威塞克斯人将这些入侵者称为维辛加人（wicingas），即"盗贼"，这个词很恰当——维京人企图将威塞克斯王国洗劫一空。

865年秋，一支丹麦维京人军队在麦西亚王国的领土上大肆掠夺，并于次年的"诸圣日"占领了约克。战火蔓延到整个麦西亚王国，迫使麦西亚国王向外结盟。他娶了威塞克斯王国公主为妻，理所应当地向妻子的家人求援。他很幸运，威塞克斯国王埃塞尔雷德一世（Æthelred Ier）向他施以援手。丹麦人想要避免这场冲突，因此麦西亚王国得以回归太平。阿尔弗雷德（Alfred）就出生于这样动荡的背景下。他的丰功伟绩为他赢得了"大帝"的称号。他当之无愧。867年，埃塞尔雷德一世这个年轻的弟弟（时年20岁），与麦西亚的贵族女儿埃塞尔维莎（Ealhswith）结婚。这段时期，威塞克斯与丹麦维京人的抗战还在继续，

阿尔弗雷德大帝

他来自威塞克斯王国，是该地区第一位自称盎格鲁—撒克逊人国王的人。他因为他在抵抗维京人入侵的战争中获得胜利而被称为"大帝"。

插图 阿尔弗雷德大帝雕像（现藏英格兰温彻斯特）。

异教徒民族的入侵

8世纪查理大帝建立帝国时，没人能想到欧洲将很快成为异教徒民族几次入侵的目标。两个世纪以来，诺曼人大肆掠夺爱尔兰和英格兰的修道院，直抵塞纳河口围攻巴黎，一直打到科尔多瓦。马扎尔人则离开了黑海北部的领地，前往多瑙河，取代被法兰克人击败的阿瓦尔人。新的异教徒民族，比如定居在多瑙河下游的保加利亚人和控制高加索地区的佩切尼格人，其入侵可能会让人们觉得世界末日临近。然而，世界末日没有降临。这次异教徒入侵是西欧遭遇的最后一次苦难，它激活了商业网络，促进了港口的建立，这一切都将刺激欧洲经济的发展。

圣人国王的传奇

埃德蒙（Edmond）真实存在于865年维京人入侵期间。这支维京人的远征军由朗纳尔·洛德布罗克、无骨人伊瓦尔、哈夫丹，甚至可能是乌布（Ubbe）率领。他们登陆东盎格利亚王国，将那里洗劫一空，然后摧毁了科尔丁厄姆修道院。埃德蒙组建了一支军队来对抗凶恶的维京人。不幸的是，他被入侵者击败了。他拒绝了入侵者提出的强迫他放弃宗教信仰的条件，很快便被处决。后来，维京远征军继续向北攻约克谷，将牺牲者埃德蒙忘掉了。这个可怜人的遗体被保存在萨福克以西的伯里，而后他的传奇故事开始流传。985年至987年，弗勒里的圣阿博撰写了《埃德蒙的受难》（la Passio d'Edmond），埃德蒙在书中被描述为圣人，他与殉道者圣塞巴斯蒂（saint Sébastien）一样，死后身体仍完好无损。

15世纪手稿上的彩绘画描绘了圣埃德蒙的传奇故事（现藏伦敦大英图书馆）。

登陆 英格兰人与侵略者之间的战斗。865年，埃德蒙国王与无骨人伊瓦尔领导的第一支丹麦军队作战。

围攻城市 丹麦人攻入一座城市。9世纪的最后几十年中，丹麦人占领了东盎格利亚王国的许多城市。

牺牲者 圣埃德蒙被箭刺穿了。这三幅彩绘画摘自《圣埃德蒙的生命、受难和奇迹》（现藏纽约摩根图书馆&博物馆）。

严酷的考验

有胜有败，直到871年4月的这一天，在梅雷顿（可能是今天的马顿，在马尔伯勒附近）战役中获胜的维京人杀死了埃塞尔雷德一世。

人们无法想象阿尔弗雷德登基的时候，心情有多么悲痛。他不得不继承在战场上牺牲的哥哥埃塞尔雷德一世的王位，成为威塞克斯的新国王。同年，他在威尔顿战役中失利，前途渺茫。他必须重新考虑与维京人的关系。873年，他带领随行军队在伦敦过冬。接下来的几年，各个盎格鲁—撒克逊王国经历了非常艰巨的挑战。大概在这个时候，波爱修斯的《论哲学的慰藉》一书的撒克逊语译作出现了。该译作很可能是阿尔弗雷德本人完成的。阿尔弗雷德大帝在书中找到了许多论点，可以使自己和王国避开眼前的致命危险。他明白要取胜，可以通过两种方式：枪支和法律。令人惊叹的是，阿尔弗雷德超越了对现实的具体分析，并将其思考转化为抽象的命题，换句话说，升华为理论。878年，国运危难，阿尔弗雷德逃亡到安瑟尼尔岛上的萨默塞特沼泽地中。这次退军是一次艰难的考验，因为他被迫放弃了自己的王国。然而，接下来发生的事情，可以说是历史，是传奇，也是奇迹……有一天，阿尔弗雷德大帝伪装成吟游诗人，去了维京国王古斯鲁姆的营地，参加了维京人进攻计划的讨论。他的英勇得到了回报，他随后带领萨默塞特郡、威尔特郡和汉普郡的军队，将维京敌人打得措手不及。维京人在奇彭勒姆抵抗了整整15天，最后，维京国王接受基督教洗礼。维京人离开了威塞克斯。但好景不长，878年秋天，一支维京军队从泰晤士河抵达富勒姆，在这里度过了冬天。阿尔弗雷德大帝击败了这支维京军队，随后几年中，入侵的维京人都被他击溃了。凭借在长年累月的征战中积累的经验，阿尔弗雷德大帝占领了伦敦。这也是一个重大的历史事件，其细节不得而知。阿尔弗雷德大帝在完成这一伟业之后，成为盎格鲁—撒克逊人的国王。他表明了愿意尊重所有接受他统治的民族的传统。他的王国扩展到了北部的亨伯地区。

892年，战争卷土重来。一支庞大的维京军队在布洛涅集合，入侵威塞克斯。阿尔弗雷德清楚，他必须建立一支强大的海军并重建沿海防御工事。这时候到各领地招募军队已经不合时宜，于是他下令让一半的农民留在家里，另一半则强制参军。

阿尔弗雷德就这样组建了一支优秀的军队，这支军队比从前的军队维持了更长时间。他还开始修建防御工事，并为受难的人民搭建庇护所。就这样，他建成了一个完整的领土防御体系：几年间，塔玛东部的苏塞克斯、萨里和威塞克斯等城市周边都围起堡垒，并建立起边境地带以提高战争税。阿尔弗雷德还不断鼓舞士气，使战士在持久的战争中保持斗志。899 年 10 月 26 日，当他去世时，虽然英格兰人仍处于防御状态，但阻挡维京人并将丹麦和英国地区变成统一的国家已经指日可待。接下来的几十年间，其继承人收获了奋斗的果实。最终的成功无疑是辉煌的。937 年，阿尔弗雷德大帝的孙子，人称"荣耀者"的埃塞尔斯坦（Æthelstan）国王，与来自不列颠诸岛的一支结盟军队对抗，经历了一场血腥而艰难的战斗，最终打败了他们。在他的货币和书信中，他赋予自己比"英格兰国王"还要响亮的头衔——"整个大不列颠的国王"。爱尔兰教士认为埃塞尔斯坦是"西方世界尊严的巅峰"。

加洛林帝国的危机

在查理帝国的广阔领土之上，社会和文化状况非常复杂。哪怕是最日常的行为也受到源于罗马文化的延续的深刻影响。《凡尔登条约》规定西部地区与日耳曼传统文化主导的东部地区相互分隔。其他的差异来自前两个世纪这片欧洲地区定居的各个部落留下的烙印，比如伦巴第、勃艮第、萨克森或加斯科尼等民族。这些民族旧时的记忆使他们产生了一种名副其实的种族优越感，这种差异在各个地区间体现得非常明显。这片地区的政治氛围很微妙，当地的贵族终于开始挑战王室的统治秩序。这时距查理大帝加冕已经 40 多年，他的孙子秃头查理（843—877 年在位）在政治上表现得懦弱无为。不过，鉴于他被封圣，这使得其统治带有一种超自然的色彩。在他的加冕礼上，在"国王的赞歌"（laudes regiae，帝国加冕典礼上唱的赞美诗）的乐声中，他宣称他在世界上的主要使命是协调一切有形和无形之物。在几位颇具声望的主教（包括兰斯的安克马尔）以及"爱尔兰人"约翰内斯·司各特·爱留根纳（Jean Scot Érigène）之辈的智者的支持下，秃头查理开始寻求方法以应对其权力瓦解的现状。他时常宴请的"爱尔兰智者"宣扬的所谓宇宙和谐在"北

| 严酷的考验

《乌得勒支圣诗集》,一场艺术革命

几个世纪以来,彩绘艺术的装饰手法仅限于几何图案。754年,也就是矮子丕平统治时期,在抄书人贡多努斯(Gundohinus)的努力下,加洛林插图书诞生了。

当时的书籍保存了最精美夺目,数量也最多的加洛林绘画。书籍可以说是加洛林绘画保存最完好的介质,因为该时期的许多壁画和镶嵌画都消失了。加洛林的彩绘艺术出现在矮子丕平时期,并在查理大帝漫长的统治期间走向成熟。《圣经》是亚琛宫廷彩绘画家最喜欢的主题之一。《乌得勒支圣诗集》(Psautier d'Utrecht)是彩绘艺术的代表作,其名字得自今天保存该诗集的大学。该诗集在820年至830年于奥特维莱尔修道院完成,是在兰斯大主教、虔诚者路易的乳母之子埃本(Ebbon)的主持下创作的,采取的是亚历山大诗体,人物和故事情节紧密联系,确保同一诗篇中《新约》的情节、插图和典故统一。插图的线条轻盈,画面清晰,精美绝伦,体现出很强的叙事技巧和表现力。

插图 《乌特勒支圣诗集》的盎格鲁—撒克逊人抄本第106页赞美诗,现存伦敦大英图书馆。

人"的进攻下不堪一击——"北人"似乎不为皇帝的圣辉所触动，也未受到爱留根纳的伟大文学作品《自然区分论》(*De divisione naturae*，867 年) 中所阐述的神圣价值观的影响。看来艺术方式对帝国的危机也没有起到什么作用。尽管如此，秃头查理还是在亚琛宫殿和英格海姆宫殿装饰了许多壁画。他还要求修道院的抄经室专门抄写圣诗集，其中包括在兰斯完成的，今天被称为"乌特勒支圣诗集"的手抄本。这本用羊皮纸制成的书共有 108 页，记满了圣诗和教义，所配插图体现出极强的现实主义，推动了彩绘画艺术的改革。

帝国崩溃，不仅因为它被分裂为三个独立的小国，还因为包藏祸心的新来者。850 年至 878 年，丹麦维京人逐步侵占法兰克领土。他们永久定居在莱茵河、斯海尔德河、索姆河、塞纳河和卢瓦尔河畔。维京人装备精良，经验丰富，作战灵活，比起当时紧急召集、拥有战马和战袍的地方军队，维京人具有惊人的军事优势。维京人出动非常迅速：他们乘舰渡河之后，将路上看到的马匹夺走，雄壮地向法兰西帝国挺进。

秃头查理在面对这群掠夺者时表现出值得嘉许的勇气，但是应对这群贪婪野蛮的维京人超出了他的能力范围。秃头查理每次将涣散的封臣召集起来，总要付出很多金钱。即便好不容易把封臣召集在一起，要让他们保持战斗状态也非常困难。853 年，图尔被占领。857 年，勇士比约恩（Björn Côtes-de-Fer）和另一名维京将领在塞纳河上的厄塞尔岛上建立了一座堡垒，并以此为基地把战火烧到了巴黎。858 年，查理包围了厄塞尔岛。

862 年，查理采取了一个新策略：他开始在河岸之间建造防御性桥梁，以阻碍维京舰队通行。他取得了一定程度的成功，但是，866 年巴黎遭到又一场袭击后，他只能支付赎金换取维京人退军。这是他在去世的那一年，也就是 877 年再次被迫选择的解决方案。他将王位留给了儿子口吃者路易二世（Louis Ⅱ le Bègue）。路易二世缺乏当国王的天赋。他的继任者路易三世（Louis Ⅲ）、卡洛曼（Carloman）和胖子查理（Charles le Gros）也都资质平平，不过胖子查理最后统一了加洛林帝国。这只能说是个奇迹。880 年，维京人占领了奈梅亨，将其烧毁，之后不久，又在

秃头查理

上图是皇帝秃头查理，马尔穆蒂耶的主教正向他呈上已完成的手稿。摘自《秃头查理的第一本圣经》（*Première Bible de Charles le Chauve*）（现藏巴黎国家图书馆）。

下图是一枚9世纪的刻印着胖子查理肖像的印章（现藏巴黎国家档案馆）。

科特赖克和根特·诺曼建立堡垒。881年，他们焚烧了列日、科隆、波恩、普林和亚琛。882年，他们入侵特里尔并杀死了领导人民抵抗的大主教。同年，他们占领了兰斯，并迫使安克马尔出逃。883年，他们占领了亚眠。885年，鲁昂失守。在强虏入侵的背景之下，保卫国土的责任落到了当地领主的肩上，其中最出色的是纽斯特里亚王国侯爵，于格·卡佩（Hugues Capet）的祖父，强者罗贝尔（Robert le Fort）。他是将取代加洛林王朝统治法国卡佩王朝的真正缔造者。

885年11月至886年10月，巴黎被维京人包围。弗勒里的圣阿博（saint Abbon de Fleury）在一首诗中描写了这次围攻。巴黎统治者，强者罗贝尔的儿子厄德伯爵（Eudes）协同主教戈兹林（Gozlin）发起了顽强的抵抗。巴黎城在围困中坚持了13个月。巴黎防卫军发动了12次出击。最终，胖子查理支付给维京人700磅，并允许他们穿越塞纳河在勃艮第过冬。维京人在勃艮第期间，民众听凭其巧取豪夺，很少或几乎没有人站出来反抗。

888年，胖子查理三世被罢黜，后去世。加洛林王朝接下来几位继任者都是空有一股热血，但政治才能非常一般。帝国的领土之争愈演愈烈：贵族渐渐掌握了帝国的统治权，他们手里控制着广阔的"领地公国"（principati territoriali）。就这样，一个新的社会阶级在这个社会的过渡期形成了，组成这个阶级的人，被文献称为"沾灰的脚"（pedes pulvorosi）。他们成千上万，致力于新的经济活动——商业贸易。欧洲的社会样貌将会很快改变。维京人成功打破了古代世界的结构。接下来发生的一切将开启一个新时代。维京人殖民者开始在帝国的领地上定居。"糊涂王"查理（Charles le Simple，898—922年在位）将鲁昂、利西厄和埃夫勒等地区移交给维京人，批准他们在这些地区殖民。就这样，一个新的政治地域诞生了，它对于欧洲的形成至关重要，它就是诺曼底。

诺曼底的建立

911年，维京人扫荡了布列塔尼，并迫使其首领逃亡至威塞克斯避难。接着，维京人朝着距离巴黎西南100公里的沙特尔前进。他们在那里与当地贵族会面，其中就包括不久将名扬整个地区的卡佩家族。

会面结束时，双方阵营表示愿意达成协议。法兰克国王的使者运用了祖宗的一个旧计策。他们来到诺曼底最著名的酋长罗洛（Rollon）面前，向他提出和约。根据和约条件，罗洛首先必须洗礼，接受基督教信仰，并同意服从国王，成为塞纳河下游的保卫者。而作为回报，他将被承认为塞纳河口地区（包括鲁昂）及其周围地区港口的总督。罗洛立即接受了这一提议。这个条约对他来说非常诱人。这就是他自离开其家乡，遥远的日德兰半岛以来，一直在寻找的东西。一年后，罗洛接受鲁

■ 严酷的考验

维京人罗洛以及诺曼底的建立

维京人罗洛是生活在中世纪早期一个传奇人物。教士弗勒里圣阿博在一首动人心魄的拉丁诗中讲述了罗洛对巴黎的围攻，不过罗洛对后世影响最深远的事迹是建立了诺曼底。

911年，由罗洛率领的一支挪威维京远征军队前往法兰克人的领地——沙特尔（Chartres）。他们攻打了巴黎的伯爵，也是未来的国王于格·卡佩的祖父，双方在战后签署了一个协议：远征军的首领将镇守塞纳河口，阻止其他维京人入侵，作为交换，他将成为鲁昂的合法总督。

基于这个史实，编年史家圣康坦的杜多写了一篇文章，叙述维京人融入欧洲文化的改造过程：首先是罗洛受洗，其次是儿子长剑威廉（Guillaume Longue-Épée）的种种变化。

插图　左图是罗洛肖像版画；右页图是885年，罗洛带领诺曼人围攻巴黎，该版画制作于19世纪。

昂主教的洗礼，成为鲁昂的总督。罗洛的后裔后来成了诺曼底第一批公爵。此后不久，第二批维京人殖民者被批准在卢瓦尔河口的南特市定居，但持续时间很短暂。接下来在巴约市周围的柯唐坦半岛和诺曼底南部地区发生了其他几次殖民迁徙，不过规模都不大。历史学家对这几次移民潮的来源一无所知，这些殖民者可能来自英格兰、爱尔兰，也可能来自斯堪的纳维亚半岛。

　　维京人和法兰克人之间的相处少不了摩擦和矛盾。942年，罗洛的儿子长剑威廉对佛兰德[56]的阿诺尔伯爵（Arnoul）进行了友好访问，他自始至终都没有想到，他会被当作海盗对待，并被东道主刺死。他的导师瑞米耶日的马丁神父（Martin de Jumièges）在著作中悲痛地谴责了这

---

[56] 佛兰德（荷兰语：Vlaanderen；法语：Flandre；英语：Flanders），又译法兰德斯，比利时西部一个地区，人口主要是弗拉芒人，说荷兰语（又称"弗拉芒语"）。传统意义的"佛兰德"亦包括法国北部和荷兰南部的一部分。——译者注

> 严酷的考验

件令人发指的谋杀案："……因为被杀的那个人,他是和平的捍卫者,是穷人的朋友和慰藉者,是孤儿的守护者和寡妇的保护者。"这位教士在悼词结尾说道:"请为无辜死去的威廉哭泣。"马丁这样一位教士都能义正词严地写出这样的颂词,这清楚表明他认为国家的复兴离不开修道院和教会。

佛兰德的伯爵对待已受洗的维京人的态度,也反映了当时人们的想法。长剑威廉的儿子理查德(Richard)担心遭遇和父亲一样不幸,便向斯堪的纳维亚的"父母"求助。于是,令人闻风丧胆的维京人龙头船重新出现在塞纳河口。这个维京人的外邦军队驻扎在法兰克王国中部,在接下来的数十年间引发了许多错综复杂的政治事件。这些事件的细节只引起了极少数历史学家的关注,因为事件已经很难还原,已经被历史遗忘。无论如何,在罗洛受洗30年乃至40年之后,诺曼底仍被理所应当地视为外邦海盗的巢穴。教会不断传出令基督教世界感到恐惧的异教徒习俗和传说。

罗洛受洗100年后,诺曼编年史家圣康坦的杜多(Dudon de Saint-Quentin),为罗洛的孙子,仍被人们称为"强盗公爵"的理查德一世(Richard Ier),撰写了《诺曼底第一批公爵的品德与行为》(Des mœurs et des actions des premiers ducs de Normandie)一书。该书详细披露了诺曼底公爵及其继承人是如何建立自治权的。他还赞美了这些杰出人物的各种品质。称他们尽管没有被册封为王,却拥有成为君主所需要的才能和美德。

建立罗斯的瓦良格人

当罗洛在鲁昂受洗之时,阿拉伯世界也发生了一个影响深远的政治事件,伏尔加河流域的保加利亚人决定皈依伊斯兰教。这个民族包括其政权元首哈里发,都是可萨人,他们自7世纪以来就占领了伏尔加河下游以及黑海和里海之间的盆地地区。

商业贸易在这个文化和种族的融合背景下异常活跃。一些被文献称为"罗斯"(Rus)的人,开始出现在商业繁荣的集镇里。好奇的穆斯林地理学家不满足于在保加利亚人和可萨人的市场中了解罗斯人,他们向西和向北旅行,探索罗斯人的领地,想要获得第一手信息。他们得知罗斯人居住在一个防守严密的岛屿上，拥有一位国王。他们实行一种军事贵族制，贵族根据他们的利益来制定法律。如果侮辱了一个罗斯人，可能需要付出性命或一半财产的代价。罗斯人傲慢、自信、健壮。

他们是谁，他们来自哪里？经过长时间的讨论，地理学家得出的结论是，这些"罗斯人"实际是来自瑞典的维京人，也就是乘船向里海或黑海方向沿河而下的瓦良格人（vaeringjar）。后来，《俄罗斯第一纪事》描述了维京人如何开始在欧洲俄罗斯的森林中定居。9世纪初，罗斯人统治了诺夫哥罗德（Novgorod，意指"新要塞"），他们的势力蔓延到了南部的基辅。流经该地区的大河将波罗的海和黑海连接起来，罗斯人很快又涌向君士坦丁堡附近，甚至到了更远的巴格达。

12世纪，一位编年史家在记叙三位王子的故事中，描述了斯堪的纳维亚人的到来。他记载，居住在诺夫哥罗德的斯拉夫人，长期生活在战争的阴影中，邀请了一位瓦良格人来维持和平，统治城市。大约863年，他们的愿望实现了。不过，来的不是一个瓦良格人，而是三个，分别是留里克（Riourik）、西涅乌斯（Sineous）和特鲁沃尔（Trouvor）。历史认为，正是这三兄弟建立了第一个罗斯王朝。这有可能是传说，但历史表明，瓦良格人在这片土地上进行了非常重要的活动。

大摩拉维亚

9世纪初期，古代阿瓦尔王国瓦解，大摩拉维亚诞生。它是第一个寻求国际认可的斯拉夫独立政体。最著名的一任国王是斯瓦托普卢克一世（Svatopluk Ier，830—894），他是罗斯季斯拉夫一世（Rastislav Ier）的侄子。他推翻了伯父的统治，成为该国的唯一国王。大摩拉维亚对其他斯拉夫政治实体的发展产生了决定性影响，其中包括存在于奥得河与维斯瓦河之间的政权，波兰后来在这里诞生。

大摩拉维亚是第一个皈依基督教的斯拉夫王国。860年，大摩拉维亚接待了来自拜占庭的著名的君士坦丁[Constantin，也就是广为人知的西里尔（Cyrille）]和梅多德（Méthode）两兄弟。他们童年在塞萨洛尼基度过，所以能讲一口流利的斯拉夫语。这两兄弟在国王斯沃托普卢克（Svatopluk）的宫殿里受到热情款待。他们发现了摩拉维亚斯拉夫人没有文字，无法正确地用书写表达自己的思想，只有少

■ 严酷的考验

9 世纪的西里尔字母在今天

9 世纪中叶，拜占庭传教士西里尔和梅多德致力翻译基督教的经典文本，他们为此发明了格拉哥里字母，这是斯拉夫的第一种文字形式。一个世纪后，奥赫里德的克莱门特（Clément d'Ohridcréa）为促进他在保加利亚民间的传教活动，在此基础上发明了西里尔字母。从那时起，西里尔字母成为斯拉夫民族中东正教教会的官方文字。如今，它被应用于 10 多门语言，包括俄语、保加利亚语和塞尔维亚语。

斯拉夫世界皈依基督教之后才开始掌握书写。康斯坦丁·西里尔（Constantin Cyrille）来自萨洛尼卡，他是一位帝国首领或长官的儿子，是中世纪最著名的多语种掌握者和语法学家之一。他熟练掌握马其顿斯拉夫语方言，因此决定发明一套结合斯拉夫语和希腊字母的格拉哥里字母。之后他又协助哥哥梅多德及其在摩拉维亚的门徒，将《圣经》的文本翻译成新的语言，以供新信徒阅读。10 世纪，在保加利亚第一位大主教、学者和作家奥赫里德的推动下，西里尔创造的字母得到进一步发展，也正式得名"西里尔字母"。在接下来的一个世纪，阅读和写作主要用于宗教活动中。直到 12 世纪初，斯拉夫世界才开始记述自己的历史，其作品包括波西米亚的《布拉格的科马纪事》（Chronique de Cômas de Prague, 写于 1120 年）、波兰的《无名氏高卢斯》（Gallus Anonymus, 写于 1115 年左右）和基辅的《俄罗斯第一纪事》（Première Chronique russe）或《内斯特编年史》（Chronique de Nestor, 约写于 1116 年）。西里尔字母流传至今，今天仍有多门语言使用这套字母就可以证明这一点，其中包括阿布哈兹语、阿塞拜疆语、白俄罗斯语、波斯尼亚语、保加利亚语、雅库特语、哈萨克语、科米语、马其顿语、摩尔多瓦语、蒙古语、俄语、塞尔维亚语、塔吉克语、塔塔尔语、乌兹别克语、车臣语和乌克兰语等。

插图 苏切维察乡的罗马尼亚修道院教堂中的壁画，画上是柏拉图（Platon）、毕达哥拉斯（Pythagore）和梭伦（Solon），他们每人手里都拿着写有西里尔字母的手稿。

■ 严酷的考验

《斯基里泽斯手抄本》讲述的保加利亚历史

《斯基里泽斯手抄本》是一本包含 574 幅彩绘插图的手抄本，现藏马德里国家图书馆。它记载了拜占庭历史的编年史，从 811 年也就是尼基弗鲁斯一世皇帝（Nicéphore Ier）结束统治的时间开始，到 1057 年也就是皇帝米海尔六世（Michel VI）登基的日期结束。本书由编年史家约翰·斯基里泽斯（Jean Skylitzès）用希腊文写成。

《斯基里泽斯手抄本》写于 12 世纪欧特维尔（Hauteville）家族统治的西西里岛。手抄本包括 21 章，每章对应一位拜占庭皇帝的统治时期。开篇讲述的是 811 年拜占庭帝国陷入战乱，与保加利亚可汗克鲁姆的战斗过程中，尼基弗鲁斯一世去世，米海尔一世继位。约翰·斯基里泽斯的作品主要集中描述拜占庭帝国和保加利亚的长期冲突，特别是马其顿王朝时期，这段时期通常分为两个阶段：第一阶段是从 867 年至 1025 年即巴西尔二世皇帝去世的那一年；第二阶段要短暂得多，从 1025 年至 1056 年即该王朝的最后一任统治者狄奥多拉（Théodora）女皇去世的那一年。最令人印象深刻的事件是帝国与保加利亚人的结盟。864 年，可汗鲍里斯皈依基督教，并取名米海尔（Michel），保加利亚与帝国的结盟似乎指日可待。然而，双方结盟的希望因 919 年阿德里亚诺普尔（Adrianople）的进军而破灭。保加利亚的西缅与罗曼努斯·利卡潘努斯一世（Roman I Lécapène）的会面根本没有解决问题，这为被称"保加利亚屠夫"（Bulgaroctone）的巴西尔二世的统治埋下了伏笔。1018 年，第一个保加利亚王国灭亡，之后它依然保留自治权。

西里尔和梅多德（173 页）

上图是一幅拜占庭油画，刻画被称为"斯拉夫人使徒"的这两个圣人兄弟，把翻译成古代斯拉夫语的《圣经》文本，献给大天使米迦勒（Michel）的场景（现藏普斯科夫历史、建筑、艺术国家博物馆）。

数识字的斯拉夫人使用希腊语和拉丁语作为语言。于是，西里尔两兄弟创造了一套字母文字，解决了这个难题。他们采用希腊字母，其用法类同 9 世纪希腊字母的常见用法，又创造了一些新字母以方便斯拉夫语的发音，这些新字母无法转写为希腊字符。

西里尔借助这套格拉哥里字母表（Glagolitics），将七十子希腊文本《圣经》以及希腊的礼仪文本译为斯拉夫语。就这样，他开创了一门新的书面语言，一

① **米海尔一世** 他继承了岳父尼基弗鲁斯一世的王位。他在统治期间，面对保加利亚人的进攻可耻地退缩了，保加利亚人直逼君士坦丁堡城墙脚下。

② **智者利奥六世** 巴西尔一世之子，智者利奥六世（Léon VI le Sage, 886—912年在位）打破了与保加利亚人之间的和平。当时正规军忙于与阿拉伯人战斗，于是他集结了马扎尔人骑兵为雇佣兵，左边的彩绘图中，描绘了他们正发起一场猛烈的进攻。

③ **约翰一世·齐米斯基斯** 约翰一世·齐米斯基斯皇帝征服并扫荡了普雷斯拉夫城。一位编年史家记载，在战斗中，"皇帝的利剑如镰刀般落下"。

种新的文学。直至今日，从亚得里亚海到西伯利亚的许多国家的学校仍在教授这套字母（为纪念其发明者而更名为"西里尔字母"）。当时，希腊基督教和拉丁基督教之间的斗争仍在继续，双方都希望渗透斯拉夫世界。于是，教皇尼古拉斯（Nicolas）邀请西里尔和梅多德来到罗马，西里尔在罗马的修道院宣誓，生病，后来去世（869年）。梅多德回到摩拉维亚，成了大主教，他也是教皇的唯一代表。

> 严酷的考验

这场长期的宗教冲突结束后，斯拉夫世界彻底分裂了：摩拉维亚、波西米亚和斯洛伐克，还有后来的波兰加入了拉丁教会，接受其礼拜仪式。保加利亚、塞尔维亚和俄罗斯接受了斯拉夫礼拜式及其文字，并加入了希腊教会。希腊人并未统一斯拉夫人丰富多样的文化和语言，而是兼容并蓄：多种语言，一个教会，这就是拜占庭正教会的秘籍。大摩拉维亚于10世纪中叶瓦解，当时东欧的各个政权开始与拜占庭帝国或奥托一世（Otton Ier）神圣罗马帝国建立友好关系。保加利亚人的到来动摇了世界局势。

保加利亚登上历史舞台

保加利亚人最初由匈奴人和土耳其人组成，在伏尔加河岸上拥有一段他们引以为豪的辉煌历史。在这里，他们围绕今天的喀山建立了一个帝国，首都位于巴尔加尔。得益于河流贸易，这座城市非常繁荣。679年，保加利亚人的一个分支越过多瑙河，想要在前罗马省默西亚[57]建立一个王国。他们将原住民斯拉夫人贬为奴隶，但沿用他们的语言和体制。新王国在可汗克鲁姆（khan Kroum）的统治下，于800年左右达到了巅峰。克鲁姆英勇无畏，且继承了拜占庭人的智慧。克鲁姆入侵马其顿，夺走了1000磅黄金，并纵火烧毁了撒丁岛市。撒丁岛市是今天保加利亚的首都，即索非亚。保加利亚王国就这样拉开了与拜占庭帝国作战的序幕。最终，克鲁姆割让了色雷斯一半的领土。在可汗鲍里斯（khan Boris，852—888年在位）统治期间，保加利亚皈依基督教。国王决定进入修道院隐修，4年后，他又从修道院出来，废黜了长子弗拉基米尔（Vladimir），将幼子西缅（Siméon，893—927年在位）推上王位。这一决定为保加利亚王国最终融入欧洲埋下了伏笔。

西缅一世是当时一位非常伟大的国王。他将保加利亚的统治范围扩大到塞尔维亚和亚得里亚海，自称"所有保加利亚人和希腊人的皇帝和独裁者"，并将他的首都普雷斯拉夫建设成巴尔干地区最繁荣、富裕的城市。他去世后，保加利亚开始内讧，再加上波格米勒派（Bogomilism）的出现，国力大为削弱。波格米勒派是一

---

[57] 默西亚（希腊语：Μοισία，拉丁语：Moesia），巴尔干半岛历史上的地区名，位于今塞尔维亚和保加利亚境内。罗马帝国时期，这里曾为帝国在东南欧的一个行省。——译者注

种摩尼教异端，给中世纪的宗教文化带来很大的冲击。塞尔维亚于 931 年重新获得独立。在此期间，拜占庭帝国开始重新征服保加利亚——拜占庭认为保加利亚是帝国的一个省。拜占庭成功了，但西缅统治期间，保加利亚文化黄金时代的记忆还是保留了下来。

萨克森公国及其目标

威塞克斯王室的胜利引起了人们对萨克森公国的关注。萨克森公国是彻迪克王子（这位著名的古人几年前穿越北海前往英格兰）的故乡。到了 10 世纪初，人们纷纷猜测萨克森公爵是王位的准候选人。根据编年史家科维的维杜金德（Widukind de Corvey）的记载，萨克森公爵与查理大帝的合法继承人一样，拥有对"基督教信仰的权力"的信念。

亨利一世（Henri Ier，919—936 年在位），是 852 年创建甘德斯海姆修道院的萨克斯公爵鲁道夫（Liudolf）的杰出后裔，就梦想着不久被任命为国王。克雷莫纳的利乌特普兰德（Liutprand de Cremona）形容他是"一位睿智、严厉且处事公正的君主"。在其妻玛蒂尔德（Mathilde）的显赫家族的支持下，亨利一世的势力迅速崛起，甚至令弗兰肯公爵康拉德（Conrad）也不得不关注。最终，康拉德与亨利一世签署了停战协议，不久，康拉德推选他继任王位。康拉德很清楚他的兄弟埃伯哈德（Eberhard）无力担任国王，并且正如编年史家，教士维杜金德（Widukind）所说，他明白他们都来自一个"在政治上既缺乏好运气，又缺乏端正的传统（mores）的家庭"。而这些品质，在亨利一世这位萨克森的候选人身上都不缺乏。

最后，埃伯哈德放弃了帝王的一切权力：包括法兰克国王的佩剑、冠冕、圣矛和皇袍。919 年，法兰克贵族与萨克森贵族共同宣布亨利为国王。

这是有史以来第一次，一个非法兰克人统治了《凡尔登条约》划定的东法兰克帝国。这个历史事件背后流传着许多传说。据说，向亨利传达任命消息的使者到处找不到他，因为亨利当时正沉迷于他最喜欢的事情——猎鸭（亨利有个绰号叫作"猎鸟者"）。

■ 严酷的考验

9世纪和10世纪马扎尔人的扩张

马扎尔人，也称匈牙利人，于895年或896年跨越喀尔巴阡山脉。他们消灭了大摩拉维亚帝国，后者的人民屈服于他们的统治。马扎尔骑兵团使整个欧洲在一个多世纪中笼罩在恐怖的阴影中，直到955年。

从899年开始，马扎尔人入侵意大利，掠夺了伦巴第王国最繁荣的城市。接着是萨克森王国、奥斯特拉西亚王国，甚至西部的法兰西王国也难逃厄运。据当时的编年史家所说，马扎尔人入侵造成的破坏比维京人或撒拉逊人造成的破坏还要严重。《富尔达纪事》（Annales de Fuld）记载，马扎尔人在894年的入侵中屠杀男人，并把年轻人掳走作为牲畜差使。他们在潘诺尼亚平原撒下了恐怖和破坏的种子，渐渐地，他们开始把潘诺尼亚当作自己的领地。德意志人从926年开始成为马扎尔人的附庸，马扎尔人在954年之前的讨伐中战无不胜。这使他们士气大振，但是在955年，马扎尔军在莱希费尔德对战奥托大帝的决定性战役中惨败，马扎尔人势力就此毁灭。其失败意味着长时间威胁欧洲的危险终于消失。马扎尔人侵略的时代到此为止。

猎人国王

这是一座历史主义风格的猎鸟者亨利一世（Henri I[er] l'Oiseleur）的雕像，他是萨克森公爵，也是鲁道夫王朝（或称萨克森王朝）的国王（现藏迈森阿尔布雷希茨堡城堡）。

亨利登基之后，通过安排驻军的方式对很多重镇进行巩固，每个要塞配有9名士兵和1名守护者（堡主）。他还开创了一种以骑兵团为主体的新战术，骑兵团的士兵身穿坚实的铠甲（loricati）。928年，他在对抗易北河另一侧的斯拉夫人的战役中采取了这个作战方式。

亨利利用"饥饿、武器、寒冷"征服了温德人（Wendes）的首府博兰尼堡，之后又降服了哈维尔的斯拉夫人和达莱米西恩斯支派的斯拉夫人，并在其领土上派驻军队，后来的迈森[58]就诞生于此。之后他向南行驶，征

---

[58] 迈森（德语：Meiβen），德国萨克森州迈森县的县治，位于易北河畔。——译者注

服了布拉格。其时萨克森王室的势力如日方中，更在929年因威塞克斯国王埃塞尔斯坦一位姐姐的到来而锦上添花。她就是伊迪丝（Edith）。她嫁给了亨利国王的儿子和继承人，这个年轻人和他的祖父同名，叫作奥托（Otton），他将成为未来欧洲历史上的风云人物。

　　亨利所面临最困难的挑战是王国在潘诺尼亚高原上的东南边界问题。这片地区生活着一个生性凶残好战的草原民族，他们堪称匈奴人、阿瓦尔人、保加利亚人和佩切尼格人的继承人，在历史上被称为"马扎尔人"或"匈牙利人"。欧洲形成过程的最后转折阶段，就与这个民族息息相关。

> 严酷的考验

潘诺尼亚高原的马扎尔人

895年或896年，被西罗马帝国称为"马扎尔人"的民族放弃了他们在黑海北岸的大本营，越过喀尔巴阡山脉，占领了辽阔的匈牙利平原。如果看看过去的历史，就可以预料到马扎尔人迁徙所带来的后果。他们将西南部的斯拉夫人与巴尔干斯拉夫人分隔，划清西欧和东欧的界限。首都位于斯洛伐克的大摩拉维亚王国，从此没落。

率领马扎尔军队的酋长"征服者"阿尔帕德（Arpad）建立了一个由大公和国王共同统治的王朝，这个政权存在了很长时间。很快，一个关于马扎尔人的起源的传说就流传开来，不过实际上，这些游牧民族和异教徒的存在是基于他们对一些富庶的帝国城市的掠夺，其进攻区域涵盖了从易北河和多瑙河对岸到意大利的地区。899年，一支马扎尔人的远征军进攻了伦巴第大区，并在布伦塔河杀死了国王贝伦加尔（Bérenger）。马扎尔人还穿越莱茵河抵达阿尔萨斯。自阿提拉时代以来没有过这么惨无人道的军事行动，马扎尔人进行了肆无忌惮的扫荡：他们毫不留情地猎取了大量战利品，包括妇女、黄金和牲畜。911年，马扎尔人的进攻势力蔓延到勃艮第。他们围攻圣博尼法斯建立的伟大修道院富尔达修道院，并火烧不来梅。他们步步紧逼，于919年在普琛（Puchen）击败了猎鸟者亨利（Henri l'Oiseleur），并强迫他连续10多年缴纳贡税。直到932年，情况发生改变，亨利国王拒绝支付赔款。一年后，马扎尔人再次来袭，这次，亨利在利雅得（Riade）（933年）打败了他们。然而，马扎尔人不轻易认输。很快，局势又变得紧张起来。马扎尔人又开始对边境村庄大肆抢劫。当时有一位目击者记叙了其中一场进攻行动，他的名字叫恩格尔伯特（Engelbert），是圣加仑修道院的院长。他讲述了自己得知马扎尔人正往修道院逼近，尽管教士们的意见跟他不同——他们完全不相信马扎尔人可以攻入修道院，但是恩格尔伯特还是立即下令在一个易守难攻的地方建造了一处防御区。恩格尔伯特是对的，马扎尔人来了：他们紧急设置的哨兵马上传报了敌人到来的消息。很快，人们看到马扎尔人在远处的房屋和村庄纵火产生的大火和烟雾。修道院兄弟火速收拾带得走的东西，冲向防御区以保全他们的财物和生命，当时只有一个平时给大家当小丑的人闹脾气不肯跟他们走,因为他的兄弟没有给他留皮革做鞋子。没多久,马扎尔人就出现了……

他们相继洗劫了萨克森、巴伐利亚、弗朗西亚和其他一些地区的边境地带。然而,他们的游牧生活将面临一场严重的危机。当时局势出现了新变化,还出现了一个新的帝国。一个属于一群英勇善战且高瞻远瞩的人的时代到来了。在接下来的几年中,他们越来越多。

档案：维京人，海上战狼

档案：维京人，海上战狼

维京人创造了一个从 793 年持续至 1103 年的文明。他们的影响范围从俄罗斯到加拿大，遍及整个北半球，在欧洲的形成过程中扮演重要角色。

要想了解维京人，得先看一个古诺斯语短语"faraí víking"，意思是"出征"。比如汉堡的主教不来梅的亚当认为，这个短语指的是维京人的海盗行径，而 12 世纪冰岛历史学家斯诺里·斯蒂德吕松（Snorri Sturluson）则认为，这个短语指的是商人为了做生意而四处游荡，因此熟悉很多地方的生活方式。因此，维京人既是战士，又是商人。

维京人（Vikings）一词，今天指的是三个不同的民族：首先是丹麦人，其主要目标是英格兰和加洛林王朝统治下的欧洲；其次是挪威人，其目标

入侵 刻画维京舰队远征的彩绘画，选自《圣欧班的生平》（Vie de saint Aubin，写于约 1100 年）（现藏巴黎国家图书馆）。

维京人的"神圣春天"

维京人把对战争的热衷带到了欧洲，当代编年史家将这种尚武的传统称为"神圣的春天"（ver sacrum）。这种传统源于以奥丁（Odin）为代表的日耳曼神话中的战神，人们为了死后能去神的居所（Valhalla）而甘愿死于敌人剑下。萨克斯·格拉玛蒂科斯（Saxo Grammaticus）在作品《丹麦人的功勋》（Geste des Danois）中表示，维京人好战的传统与他们这个种族桀骜不驯的本性，以及他们对神圣仪式的崇拜息息相关。一些现代作家，例如雷吉斯·博耶（Régis Boyer）则公开否定这种战争崇拜的存在，不过他们承认许多传说中的萨加斯大将会给年轻人举行类似的成人礼。比如我们在《尼亚尔的萨迦》（Saga de Njáll）关于赫里亚伦迪的贡纳（Gunnar de Hlídarendi）的故事中可以读到相关情节。这本书写于较久之后（13 世纪），但完美地重现了冰岛的维京年轻人的生活。

索尔（Thor） 维京人的雷神头像（制作于 9 世纪），索尔是北欧神话中的雷电之神。

档案：维京人，海上战狼

维京人在村庄和殖民中的日常生活

维京人在扩张中，在欧洲最偏远的地区也留下了斯堪的纳维亚式的遗址，这证明了维京人已经发展了先进的物质文化，也证明了经常用来形容维京人的"野蛮人"的说法是不成立的。维京文化最重要的遗址包括丹麦的林霍尔姆（LindholmHøje）遗址，冰岛的贝格博尔什瓦尔（Bergþórshváll）遗址，还有同样在冰岛的斯通格（Stöng）遗址。霍尔多·奥古斯特松（Hördur Ágústsson）带领队伍对这些遗址进行重建，成果令人惊叹。赫拉格（Helge）和安娜·因格斯塔德（Anne Ingstad）在纽芬兰沉船湾附近的兰塞奥兹牧草地发现的殖民区在历史上也占有特殊地位。维京人在很短的时间内建造了这个村庄，定居在格陵兰西部这片被萨加斯人称为"文兰"的土地上。该村庄包括三个居住区、一个锻造厂和一个锯木厂（smidjubud），这证明了在当时，建筑业和船只修理非常重要。此外，还有一些粮仓，可供维京人在漫长的冬季里保存食物。在出土过程中，人们还发现了缝纫工具和炊具，这表明斯堪的纳维亚妇女在此生活过。插图：10世纪比尔卡集镇的重建图。

兰塞奥兹牧草地 重建的维京人殖民区。该区位于纽芬兰北部海岸的兰塞奥兹牧草地，包含各种建筑，建于11世纪。

① **栅栏** 村民沿着村庄设置栅栏。村民大多数时间都花费在一项艰苦的任务上面。因为农作物生长期短，所以他们必须储存过冬食物。

② **房子** 维京人最具特色的建筑是"斯格玛"（skemma），这是一种长形的小房子，由橡木制成，带有砖墙和稻草屋顶，长度在10米至30米。斯卡利（Skáli）是一种常见的房子，面积更大。

③ **农耕** 维京人用木犁耕种土地，也会使用带网格的铁犁、耙子。他们种植豌豆和白菜等，也养牲畜。

④ **堡垒** 弗尔卡特（Fyrkat）是在丹麦发现的珍贵的维京环形城堡，建于10世纪末，现在变成了博物馆。它四周围着赤土墙，包括16间长形房屋。

⑤ **港口，或称峡湾（WIK）** 这是擅长造船和造舰的维京人特有的区域。维京人的船体使船既能在河上航行，也能停靠在沙滩上。维京人最重要的港口是赫德比港（Hedeby）。

是苏格兰、设得兰群岛、奥克尼群岛、爱尔兰的北部和东部海岸，冰岛和格陵兰；最后是瑞典人，他们从波罗的海向东行驶到罗斯大湖地区，最后在拉多加湖选择了两条路线。瑞典人沿最东的路线经过德维娜和伏尔加河，到达内兹多沃，然后到达伊蒂尔的里海，他们在这里与前往远方城市布哈拉和撒马尔罕的商队接触。他们还穿过里海到达高尔根和巴格达。他们沿着最西端的路线从诺夫哥罗德到达基辅，然后从第聂伯河下到奥德萨的黑海，从这里上到拜占庭帝国的海岸。

维京人的第一次远征发生在793年至850年，一开始只是试探性的。850年之后，他们的组织更加成熟，比如铁骨比约恩（Björn Côtes-de-Fer）858年在大西洋沿岸进行征伐，他先是率军抵达瓜达基维尔，然后越过直布罗陀海峡和阿尔赫西拉斯，到达穆尔西亚和巴利阿里群岛，接着登上泰罗尼亚海岸，到达纳博讷、尼姆和瓦朗斯，甚至到了比萨和罗马。欧洲迅速做出反应，不惜一切代价阻止维京人的侵略活动。巴黎在885年11月至886年10月之间对抗诺曼人的保卫战，以及阿尔弗雷德大帝重新征服伦敦的这些战斗，都淋漓尽致地体现了欧洲的反抗精神。之后，维京人在战争中变得越来越惨无人道，他们发明了诸如"血鹰"（blóðörn）的血腥刑罚。这种残忍的刑罚把人倒立，然后将人的肺抽出来，受刑人的血溅出，形成翅膀，这被称为"血鹰"。之后欧洲坚定了立场，与维京人达成政治协议。对于西罗马帝国而言，与维京人的冲突有害无益，特别是对北海老城区的经济发展，比如布洛涅、昆托维奇、阿拉斯，以及圣奥梅尔。这些地区商业发达，创造了很多财富。

皈依基督教

10世纪初，拉丁基督教对维京人的影响还非常有限。不过，经过了50多年，930年至980年，这个"蛮族"中有许多人皈依了基督教。在丹麦，戈姆（Gorm）去世后，他的基督教徒儿子蓝牙哈拉尔登基，带领全体人民受洗了。在挪威，继善良者哈康（Håkon le Bon）的第一次尝试失败之后，国王奥拉夫·特里格瓦松[挪威的圣奥拉夫（saint Olaf de Norvège）]成功引领民众皈依基督教。也是在这个时期，在弗拉基米尔大公（Vladimir le Grand，980—1015年在位）和他的儿子雅罗

档案：维京人，海上战狼

维京战士的真实面貌

这个维京人头像来自小镇锡格蒂纳，锡格蒂纳在斯德哥尔摩附近梅马尔湖周边，由国王"胜利者"埃里克（Eric le Victorieux）于980年左右建立。10世纪末，与锡格蒂纳位于同一湖岸的比尔卡贸易区的商业不再活跃，渐渐被废弃，锡格蒂纳取而代之，成为该地区最重要的贸易中心，其繁荣持续数十年，直到后来遭遇侵略。这个雕塑头像的原型很可能是锡格蒂纳的一位守卫兵。这个维京人的锥形头盔带有护鼻，他还有胡子和线条分明的小胡须……比起我们熟悉的虚构的神话故事，这样的形象更接近史实。它更能体现古诺斯语中的"víkingr"这个词（其后缀"ingr"表示所属关系），指的是为征战和（或）贸易而远行的人。这种远行无论如何都具有集体属性和营利性质，不管是通过抢劫，还是通过以物易物的形式（现藏斯德哥尔摩国家古迹博物馆）。

斯拉夫（Laroslav，1019—1054年在位）的带领下，瓦良格人开始入侵基辅罗斯。这次入侵与拜占庭教会主导的基督教运动密切相关。当巴西尔二世将妹妹许配给弗拉基米尔之后，弗拉基米尔与拜占庭皇帝巴西尔二世签署了盟约，正是这个时期，瓦良格人在连接波罗的海和黑海的贸易路线上建立政权，而东正教也出现在诺夫哥罗德和基辅的贸易区。

在接下来的行动中，弗拉基米尔家族体现出强烈的不屈不挠的罗斯精神。雅罗斯拉夫与佩切涅格人（Petchénègues，草原的新移民，企图占领保加利亚人留下的无人居住的领土）交战，最终在1030年将其打败。之后，雅罗斯拉夫的策略发生了微妙的变化，他开始向与家族有渊源关系的邻国（在斯堪的纳维亚半岛上）寻求支持。他娶了一位挪威公主，积极让自己的后代与西欧皇室或王储家庭缔结婚姻（比如安娜[55]来到法国，与亨利一世结婚）。

雅罗斯拉夫建造了基辅罗斯第一座拜占庭式大教堂基辅圣索非亚大教堂，先后发起两场伟大的探险之旅，目的是全面探索丝绸之路：1040年，旅者因格瓦尔（Ingvar le Voyageur）出发，来到巴格达附近；而哈拉尔·因格瓦尔（Harald Ingvar）则开辟了沿维斯瓦河的路线，来到今天的波兰地区。雅罗斯拉夫一系列动作构成了一项缜密的政治计划：他的目标越来越明显，就是拜占庭。1043年，雅罗斯拉夫向拜占庭发动了一次猛烈的海战，这次袭击以惨败告终，雅罗斯拉夫折损了许多舰队。瓦良格人逐渐融入"罗斯"文化，并与瑞典疏离，此后，佩切涅格人介入，使斯拉夫世界与波罗的海陷入了长达几个世纪的隔绝之中。

而丹麦人虽然和亲戚瑞典人一样下了大赌注，但丹麦人运气更好。当时蓝牙哈拉尔（940—985年在位）占领了日德兰半岛，建都杰灵，依靠港口建立起发达的贸易中心，取得很大的经济效益。蓝牙哈拉尔统一了王国，还在全国推行了基督教运动。丹麦人大受鼓舞，到了980年，他们开始梦想在北海周边建立一个帝国：一种在该纬度地区前所未有的真正的海权制。当时各方面条件似乎都很有利，哈拉尔的儿子，八字胡斯文一世（985—1014年在位）开始显露出一统天下的野心。丹麦人与挪威人联盟，双方合力作战。

991年，著名的奥拉夫·特里格瓦松在决定性的马尔登战役中，率领挪威人对战埃塞克斯的伯诺特（Byrhtnoth de Essex）指挥的英格兰人（有一首诗以此为主题歌颂他的英雄主义），为斯文一世的宏图大业助力。马尔登战役标志着丹麦人帝国梦的开始。丹麦人和挪威人的联盟使军队战斗力大增，于是斯文决定在1002年进攻英格兰：国王埃塞尔雷德一世向他献上24000磅的赎金，在1007年增加到36000磅，然而无济于事，在1009年和1010年之间，斯文决定攻打英格兰。

斯文赢得了灵默（Ringmere）战役，丹麦人征服了整个东盎格利亚[56]。斯文

---

[55] 安娜（Anne），雅罗斯拉夫的女儿。——译者注
[56] 东盎格利亚（古英语：East Engla Rīce；拉丁语：Regnum Orientalium Anglorum），盎格鲁人在5世纪末建立的盎格鲁—撒克逊王国，领土范围大体相当现在英国诺福克郡和萨福克郡。主要民族是来自斯堪的纳维亚和日德兰的维京人。——译者注

档案：维京人，海上战狼

维京商运船 这是一艘商船（右图），它更宽、更深，因此比维京龙船速度更慢，机动性更小，但另一方面，中部空间更大，可以用来存放货物和动物。

维京龙船 这是一艘军舰（下图），它的名字取自船头的龙头。它船身狭长，窄而浅，轻轻一划，就可以被水波推出很远，并且在入侵中便于携带上岸。

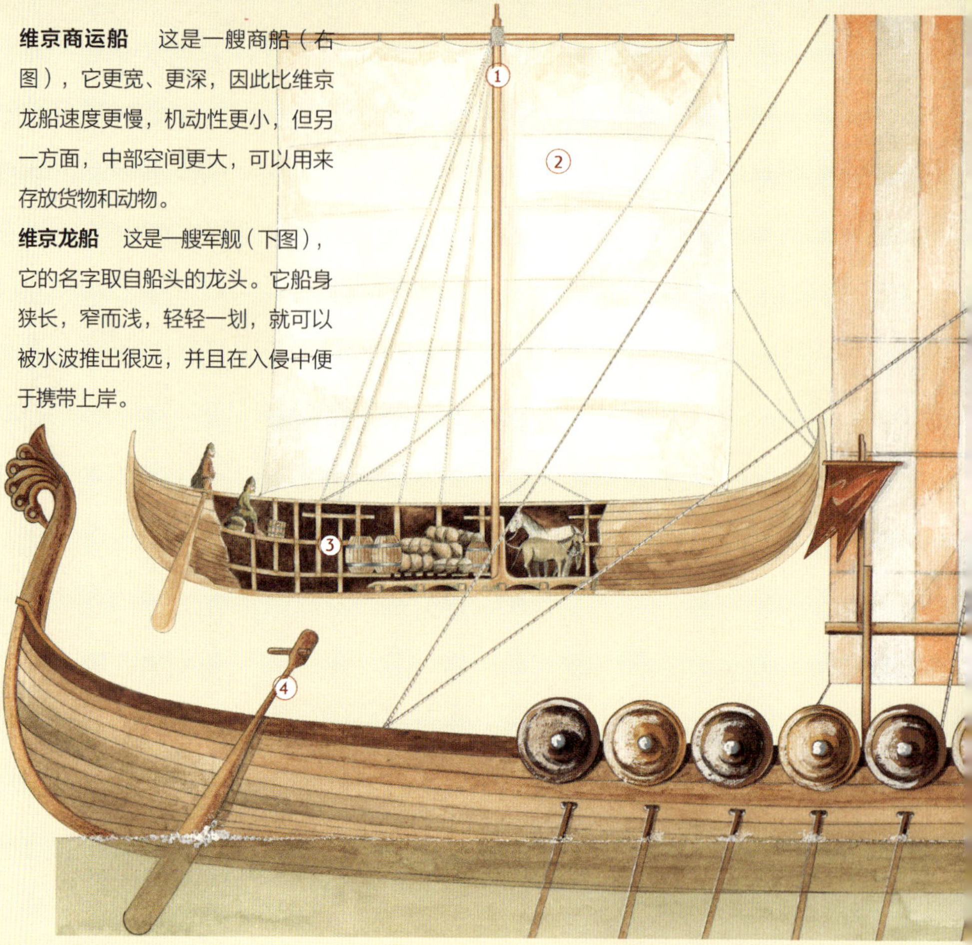

维京船

维京人的船只是这个航海民族的标志之一。这些船是木制的，有一面单一的方帆和一支中央桅杆，也可以靠桨推动。尽管它们的大小、水动性和性能各不相同，但所有的船都是按照搭接船板的技术建造的，用若干连在一起的纵板从船头连到船尾，搭成船的船体。维京人习惯将还未焚烧的死者埋在船中，再用土堆或者黏土埋起来，因此这项造船技术得以被考古发现。著名的高克斯塔号（Gokstad）被认为是维京军舰的原型，其复制品如背面所示，其名"维京"（The Viking），由马格努斯·安德森（Magnus Andersen）于1893年设计，是"芝加哥世界博览会"跨越大西洋项目的作品。

维京狂战士 这是一群凶猛无敌的维京战士，作战时半裸着身体或披着熊皮。

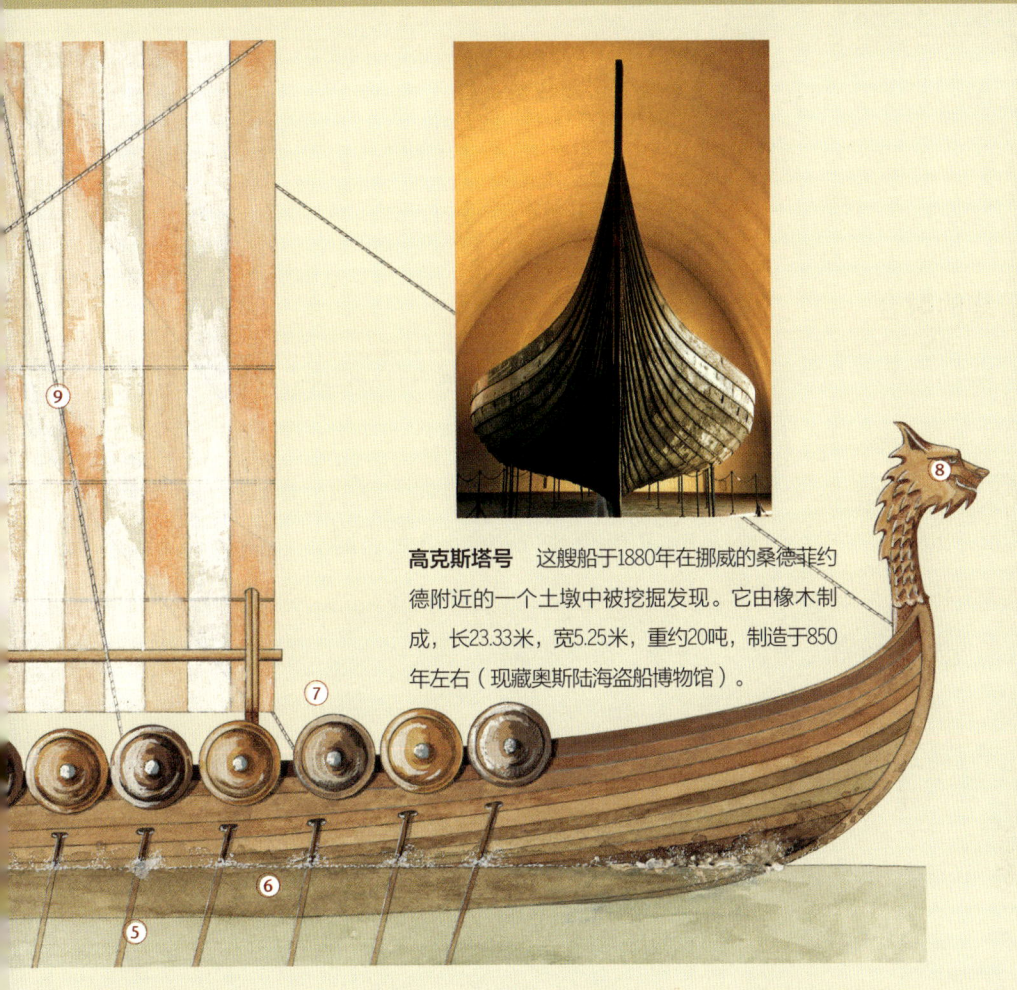

高克斯塔号 这艘船于1880年在挪威的桑德菲约德附近的一个土墩中被挖掘发现。它由橡木制成，长23.33米，宽5.25米，重约20吨，制造于850年左右（现藏奥斯陆海盗船博物馆）。

① **桅杆** 是由松木切割制成，底座是一块橡木块（kerling），修整匹配，可避免桅杆移位。

④ **木杆** 固定在船尾的一端，柳木枢轴操作起来非常灵活。人们认为舵手的岗位是世代相传的。

⑦ **盾牌** 置于船上的舷板上，方便战士取用，还可以用来恐吓潜在的攻击者。

② **帆** 由羊毛制成，方形，长边约10米，有时另用织布对其进行加固，形成条纹图案。

⑤ **桨** 可以在海岸上或河里划动，相互间隔，所有桨能够同时划水。一艘船可能有20个至50个划桨者。

⑧ **船头的形状** 龙头被用来震慑维京人意图侵略的土地的保护神（landvaettir）。

③ **货物** 存放在船的中央，并覆盖着有防水油布，可以保护其免受水浸。

⑥ **龙骨** 侧面稍弯曲，中间较宽，较重。船头的空气动力学外形让航行更顺畅。

⑨ **绳子** 外面包着一层海象皮，短下后角索固定在风帆下端，在航行中可用来调整风向。

189

的次子克努特（Knut，又名克努特大帝）实现了帝国梦。其胜利来自充分的准备，他提前做规划，将岛屿划分为几部分，便于征服。后人发现了一封写于1014年至1027年的神秘信件，信中称克努特为"整个英格兰、丹麦、挪威地区以及苏维汇人王国的国王"。

最终的融合

维京文明最终融入了欧洲。诺曼底和西西里已经具备同化的必要条件。斯堪的纳维亚半岛在放弃了争霸世界的野心之后也开始融入欧洲文化。在当时，还少有人理解"征服者"威廉（Guillaume le Conquérant）坚定地在英格兰推行采邑制，以及在1060年罗伯特·吉斯卡德（Robert Guiscard）睿智地占领瑞吉欧·卡拉布里亚（Reggio Calabria）、巴里和西西里岛的重要性。他们之后的计划与当时其他欧洲贵族阶级不谋而合。不过如果我们再多加思索，就可以从二人迂回的行为中发现其共通的政治理念，这也是二人卓尔不群之处。

诺曼人占领伦敦之后，伦敦开始为发展贸易做准备，探索一个全新的世界。同样地，诺曼人在巴勒摩建立政权的过程中面对当时强大的帝国（伊斯兰和拜占庭）表现出不屈不挠的精神——当时还没有人知道这座城市对于重新定义国际边界的重要性。如果说伦敦掀起了波罗的海地区的商业复兴，那么巴勒摩则是在拜占庭和西方阿拉伯人的废墟之上摸索新道路，在这种背景下，人们瞥见了新世界的模样，这个世界意味着维京梦的终结。维京人当时筹备的那场出征是经济性质的：他们放弃游牧民族身份，转而谋求商业利益。同时，他们与弗朗肯尼亚的历任皇帝发展亲密关系（尤其是与未来的斯陶芬家族[57]领主）。当时一部分人（比如英格兰人）选择与圭尔夫派支系建立关系，其做法就是当时的通用做法：把一名英格兰的诺曼妇女献给圭尔夫派的"狮子崽"——亨利·狮子（Henri le Lion）。他是吕贝克的领主，掌握着波罗的海的钥匙。其他的（西西里人）则选择在日耳曼神圣罗马帝国寻觅一

---

[57] 斯陶芬（Staufen）家族，欧洲历史上一个王室，最初为现时德国南部施瓦本（又译斯韦比亚）的世袭伯爵与统治家族。——译者注

位霸主，保护他们免受周围强大的商业城市的控制，其中一方面是热那亚和比萨，另一方面是拜占庭。就这样，维京人的融入成了无可改变的事实，如果没有维京人融入，欧洲不可能形成。

皇帝奥托二世和他的妻子

这幅大理石版画描绘了耶稣基督赐福皇帝和他的妻子迪奥凡诺(Théophano)的场景(现藏巴黎的克吕尼博物馆)。

下页是来自奥格斯堡的哥特式十字架,上刻有莱希菲尔德战役的场景。

王国的辉煌

10 世纪并非金革之世。相反，在农业经济发展和各个王国形成的基础上，欧洲经历了一场真正的复兴。各个王国与神圣罗马帝国日益增长的势力相互制衡——后者为奥托一世战胜马扎尔人后所建立。这种文化和政治上的繁荣赋予了欧洲面对新千年及其可能带来的恐惧所需的勇气。

955 年夏天，萨克森王国烽火连天，血流成河。大批马扎尔人穿越边界，以前所未有的数量涌进萨克森。这些入侵者的队伍之庞大表明，萨克森王国面对的不再是一场平常的抢劫。这是一场真正的军事侵略。这场危机对于萨克森国王奥托一世的性格，是一场严峻的考验。

奥托一世在 24 岁时继承了父亲猎鸟者亨利的王位，成为萨克森公国和德意志王国的国王。当时，他娶了来自威塞克斯的伊迪丝，也就是阿尔弗雷德大帝的孙女、埃塞尔斯坦的姐姐。他清楚如何借助他的兄弟科隆大主教口吃者布鲁诺（Bruno）

王国的辉煌

莱希菲尔德战役：撒克逊人攻打马扎尔人

于955年圣劳伦斯纪念日爆发的莱希菲尔德战役是欧洲形成历史上最重要的战役之一。这场战役导致马扎尔人移居匈牙利，巩固了神圣罗马帝国的政权。

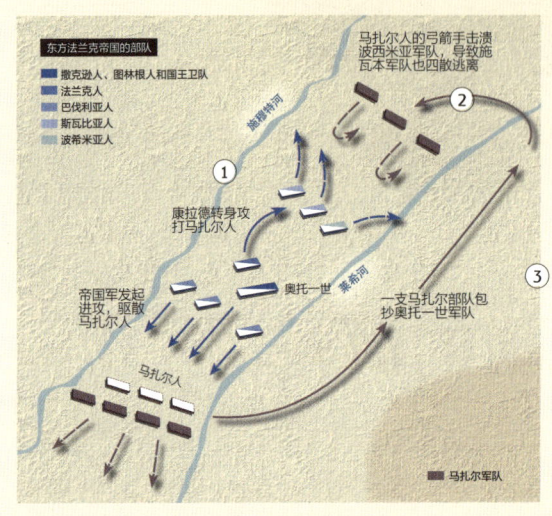

① **攻击** 奥托一世主动进攻，沿着莱希河岸前进，然而马扎尔人突袭其后卫，摧毁了7个师中的3个师。

② **抵抗** 由康拉德率领的法兰克军队拖延了战斗时间，奥托一世得以重新排兵布阵。

③ **反击** 奥托一世用铠甲军队建立起一道战线，自己打头阵，他挥舞着圣枪，击败了马扎尔人。

955年8月8日，奥格斯堡主教乌尔里希（Ulrich）向信徒致辞，鼓舞他们顽强抵御马扎尔人的袭击，保卫城市。当时马扎尔人意图侵占奥格斯堡，以此为基础建立强大的军事基地进攻萨克森公爵奥托一世。奥托一世随后率领一支由3000名士兵强行军抵达该地区。收到消息的马扎尔人对奥托一世发起围攻，并前往莱希，企图阻断奥托一世进军。开战之前，奥托一世宣布马扎尔人是"基督的仇敌"，彰显自己是作为基督教世界的捍卫者起兵攻打一群异教徒敌人。在铠甲骑兵（loricati）的加持下，奥托大帝赢得胜利，击退了入侵者，迫使他们退回匈牙利，并最终在那里定居。

插图 下图是奥托皇帝在攻打异教徒的远征中所佩带的加洛林圣枪的仿品；右页图还原了铠甲骑兵战斗的场景，是《佩里佐尼手抄本》（Codex Perizoni）的彩绘图（现藏莱顿大学图书馆）。

来建立联盟网络。后来，布鲁诺成为他亲自创建的新国家的祭司。据一位德高望重的编年史家记载，布鲁诺孤独终老，毕生致力"精通阅读和理解"。他会说斯拉夫语和拉丁语，还会一些日耳曼语方言。奥托一世初期的和平统治过后，他开始面临许多关乎国家生死存亡的的政治问题，首先是法兰克人和撒克

逊人之间由来已久的冲突。此外还有巴伐利亚公国的继承问题，其原因包括王室近亲的野心，意大利的局势，以及与易北河另一端的斯拉夫人和返回攻打帝国要塞的文德人之间的冲突等。正当奥托一世出发镇压其中一股叛乱势力之际，他收到了马扎尔人入侵东南部的消息。

> 王国的辉煌

莱希菲尔德战役

面对马扎尔人,奥托一世的处境很危险,因为他手里只有一小支骑兵部队。公爵纷纷对他的召令视而不见,只有个别公爵加入了他的战队,不过他们更多的是害怕被报复,而不是出于对国王的忠诚。不管怎么样,奥托一世最终集结了将近3000名战士,其中有施瓦本人、法兰克人和巴伐利亚人,再加上萨克森人,听从国王的调遣。接着,奥托一世率兵出征。955年8月9日,他带领部队沿多瑙河的支流莱希南岸行进,这时,他们看到一股浓浓的黑烟,这意味着前方就是马扎尔人的营地。

距这个营地只有几公里的奥格斯堡市,其居民正在努力抵御马扎尔人的袭击。战役一开始对奥托一世及其部队非常不利。马扎尔人采用经典包围战术攻击敌人的后卫,摧毁了一部分撒克逊人的兵力。奥托一世只剩下一群铠甲骑兵(loricati),还有他们沉重的盔甲。这时,奥托发表了一场讲话,这奠定了他们后来胜利的基础。科维的维杜金德在编年史中记载道:"我们,何德何能与这样的敌人对抗?我们,如果真的这样想的话,应该为自己感到羞耻!我们:是整个欧洲的主人!"他不谈保卫萨克森公国,甚至不谈保卫帝国,谈的是保卫基督教。就这样,奥托成功地激发了铠甲雇佣军的斗志。接着他向马扎尔人发起进攻,将他们驱逐出境。战争的残酷在此时暴露无遗,奥托一世开始残忍地驱逐、迫害马扎尔人:他对待囚犯毫无怜悯。躲在庇护所中的难民一经发现,很快就会被用箭或长矛杀死。有幸逃脱的,命运也没好到哪里去——他们被淹死在莱希河水中。对于马扎尔人来说,比起战争本身,这些对战败者的迫害才是真正的灾难。奥托一世也没有放过落入他手中的马扎尔王子,他把这群垂死的落难兄弟押到雷根斯堡,在宫院里处以绞刑。

奥托一世没来得及享受胜利的滋味,又率领杀气腾腾的军队北上攻打以斯托涅夫(Stoinef)为首的斯拉夫入侵者。他在雷克尼兹附近,跟他们正面交锋,打败了他们,将其将军斩首。

在955年这"奇迹的一年"(annus mirabilis),伟大领袖奥托一世被战士称为新的"凯旋将军"[58]。这个来自远古战乱年代的拉丁头衔蕴含着一种奇妙而暧昧的意味：这个头衔，既是战士对带领他们取得军事胜利的国王的致敬，也表明他们愿意看到西罗马帝国"复辟"。局势对奥托一世十分有利。意大利王国，特别是罗马的局势成为关键，因为新国王贝伦加尔治下的意大利王国，正经历政治和社会的动荡。阿尔贝里克的儿子及继承人约翰·奥克塔维安（John Octavian）以约翰十二世（Jean XII）的名号当上教皇，他是个冲动急躁的年轻人，使奥托一世得以介入意大利的事务。这位日耳曼首领轻而易举地在961年成为意大利国王，而贝伦加尔则被困在乌尔比诺附近的圣里奥堡垒中。不久，962年2月2日，奥托一世从教皇手中接过了皇冠，在圣彼得大教堂加冕为皇帝。

就这样，奥托一世复辟了西罗马帝国，也就是后来的神圣罗马帝国，接下来几个世纪欧洲的核心权力之一。它由德意志和意大利王国组成。神圣罗马帝国皇帝自称教皇的"保护者"。现在奥托一世要做的只剩下制定外交目标，尤其是跟拜占庭帝国的外交——这是他最重视的任务。他特别策划了一场联姻，让长子迎娶一位希腊公主。这一决定将改变欧洲的文化方向。

奥托二世与撒拉逊危机

972年，一位少女身穿隆重的饰满黄金和宝石的拜占庭传统公主服，带着一支庞大的随从队伍，以及许多装满宝物和备用衣物的箱子，来到了萨克森王国，嫁给了神圣罗马帝国的王位继承人奥托二世。她叫迪奥凡诺。她的到来意味着奥托一世与拜占庭皇帝约翰·齐米斯基斯（Jean Tzimiskès）历经曲折终于达成了外交协议。求婚者奥托二世和他的父亲一见到迪奥凡诺，就对她非常喜爱。他们的婚约写在羊皮纸卷轴上，被染得好像紫色丝绸一般。婚约宣布的这场婚礼，无疑是萨克森甚至是显赫的亲属国英格兰的历史上最为隆重的。婚礼的举办地是由教皇本人祝圣的圣彼得大教堂。在这一令人难忘的时刻，出现了一个小插曲。一名擅长宫廷斗争的无赖朝臣，声称新娘不是拜占庭皇帝的女儿，只是他的侄女。然而，其诡计失败了。

---

[58] 凯旋将军（拉丁语：Imperator），又译大元帅、统帅等，音译为英白拉多，起源于古罗马的一种头衔。——译者注

■ 王国的辉煌

奥托三世和教皇圣思维二世

这是 10 世纪晚期的大理石雕像，上面描绘了天堂般的耶路撒冷的各种景象，侧面是皇帝和教皇的雕像（现藏亚琛大教堂）。

奥托一世和皇后伊迪丝（第 199 页）

这个雕像被称为"皇家夫妇"（Herrscherpaar），因为上面雕刻着奥托一世和妻子伊迪丝。这是一座现实主义风格的雕塑，其历史可以追溯到 1250 年左右，现存马格德堡大教堂的十六面小教堂，奥托一世帝王的陵墓也位于此。

奥托用最平常的方式让他消失了——杀死了他。要知道，这场联姻的过程是多么不易，怎么能被一个无关紧要的细节破坏呢？而且，奥托一世对这个女孩儿非常满意。她与奥托一世那个虚弱的、肥胖的红头发儿子完美互补。

婚礼举办一年之后，奥托一世去世，留下了一个边界固若金汤的帝国。奥托一世还缺乏一点皇室的姿态风度，而优雅的迪奥凡诺恰好弥补了这一点。她单单是出现在其丈夫新皇帝奥托二世身边，就足以向撒克逊人和法兰克人展示一种在拜占庭习以为常而在萨克森王国还难得一见的政治风范。不过，很快，他们的注意力转移到了罗马，换句话说，转移到了意大利的混乱局势（imbroglio）上。

罗马帝国的皇宫遗迹、神庙、剧院和浴场，依然是罗马的主要景观，尽管这些建筑物由于缺乏养护变得有点破败。罗马当地贵族当时忧心忡忡，担心穆斯林入侵。这些穆斯林势力有的来自北非，有的来自阿尔卑斯山以南圣特罗佩附近一个叫作拉加尔代弗雷纳（La Garde-Freinet）村庄的阿拉伯飞地。一想到这些侵略者要来扫荡，许多人就胆战心惊。这时候，奥托二世介入了。继击退马扎尔人和斯拉夫人的进攻之后，奥托二世打算击退基督教世界的新敌人，也就是奥托的宫廷学者口中的"撒拉逊人"。

奥托二世决定暂时搁置攻打埃及的法提米德人的计划，进击撒拉逊人。埃及的提菲米德人并不看好奥托二世对撒拉逊人基地的进攻，其中不乏贸易繁荣的

城市。982 年夏天，帝国军向撒拉逊敌人进军，将他们逼到海边的克罗托内。奥托向他们开动战火，他在这场战斗中失利了，这是也许除了他聪慧的拜占庭妻子之外没有人能够预料到的。传说，奥托二世在危难中被一只希腊船舰救出后，游到了岸上，侥幸脱身。实际上，他后来召集了帝国全体王室成员在维罗纳开了一次大会，其中包括他的母亲勃艮第的阿德莱德（Adélaïde de Bourgogne）、姐姐女修道院长玛蒂尔德（Mathilde）、妻子和儿子，还有众多萨克森、法兰克和意大利的王子。然而，他的宏图大志最终化为泡影。丹麦人卷土重来，在帝国北部边界骚动，不列颠群岛的同胞已深受其害，奥托这才看清侵略者的真实面目。他不堪操劳疲惫，染上疟疾，于 983 年 12 月 7 日去世，逝世时年仅 28 岁。他将帝国留给了一个 4 岁的孩子，由妻子迪奥凡诺摄政。在主教兼编年史家梅泽堡的蒂特玛尔（Thietmar de Mersebourg）的笔下，"这位皇后一如既往地端庄，讨人喜爱，备受赞赏"。年轻皇帝的成长教育，受到其祖母阿德莱德和姑姑玛蒂尔德的影响，当然还有他的导师，被德高望重的美因茨大主教威利吉斯（Willigis）任命的希尔德斯海姆主教伯纳德（Bernard）。而迪奥凡诺则得到了教士奥里亚克的葛培特（Gerbert d'Aurillac）的辅佐支持。葛培特是那个时代最伟大的学者之一，是个天才式的人物。他让世界明白，到 10 世纪末，教士还有许多话要说——特别是那些曾在伟大的克吕尼修道院修习的人。

修道院的改革：克吕尼修道院

勃艮第王国缺乏强大的专制权力，这使王国一度陷入混乱。除了士兵暴动之外，当地贵族的野心也不断膨胀，企图扩张领土，以获得当时人们开始称为"贵族"（nobilitas）的尊贵身份。

贵族基于"家族"的理念，统治土地和人民，其后代以家族的名义优于氏族，这很快成为一种政治模式。当时社会弥漫着不确定的氛围，对世界产生了革命性的影响，这时候，为了更新本笃会的理念，使其适应新形势，修道制度进行了一系列改革。克吕尼修道院的改革是最为重要的。它的开始很简单。910 年 9 月 11 日，阿基坦大公威廉一世（Guillaume Ier）将马孔教区的一个山谷划给了波美的伯诺（Bernon de Baume）神父，后者在这里修建了克吕尼修道院。神父决定仿照卢瓦尔河上的弗勒里修道院，用石头修建一座像堡垒一样坚固的修道院，虽然大家并不畏惧什么进攻。克吕尼修道院在第二任院长奥东（Odon）的管理下发展到巅峰。在那个时代，世人亟需看到古书中的清规戒律依然经久未衰，以此鼓励人们通过修行接近上帝。为此，克吕尼修道院的修士将头发剃得比农民的还短，身披一件简单的黑色束腰外衣，头部保持倾斜，目光注视地面——这是圣本笃的规定。克吕尼修道院逐渐步入正轨：修士过着有规律而充实的生活，在抄经室（scriptorium）抄书，在田间与这片土地上的数十名农民一起劳作。修道院不受当地军事首领和领主的管辖。其安全建立在独立之上，正如阿基坦大公威廉一世在宪章中所宣布的："（克吕尼修道院）不受任何国王、主教、伯爵或创办者亲属统治。"克吕尼修道院只受圣彼得和神在人间的牧师保护。当然，教皇太远，无法在需要时帮助修士，因此修道院院长独自主持大局。这也是修道院成功的关键：正因为修道院院长坚守在时代的黑暗中及千年来临之际，才可以如同光束一般拨开时代的阴霾。奥东神父享有圣人的美誉。他的魅力吸引了许多隐士定居在修道院附近。在一个缺乏公共权力的时代，奥东神父以中立的立场成为一名重要的调解人，解决了无数世俗冲突。然而，他不得不承受来自领主的巨大压力，还经历过修士的刺杀，但他坚定的信念从未动摇过。这位教会任命的奥东修道院长为贵族使用武力的合理性辩护：当时的贵族会拔剑来捍卫那些手无寸铁的人，换句话说，他们会保护那些在村子里和在途中受到攻击的穷人。奥东神父和他的继任者的努力得到了一些主教的回应：教会力量促进了和平与休战运动，全体人民集成协会，以上帝的名义联合在一起。主教们出身贵族家庭，其祖先长年负责基督教社会的维护与安全。当时，主教们宣布将沿袭这一古老传统，并宣称他们的角色得到了君士坦丁堡的罗马皇帝的确认。这是为了说服本地贵族：主教的决定比修士更为庄严。至于和平，主教们质疑建立在掠夺和武力控制之上的生活方式。这个理论证明主教是唯一有资格行使这一控制权的人。在王室衰落（imbecillitas regis）之际，衍生了重整王权的思想。法国的这项行动

■ 王国的辉煌

克吕尼修道院与隐修制度改革

10世纪初,克吕尼修道院建立,标志着隐修改革运动开始。第二任院长奥东(Odon)在克吕尼修道院巩固的过程中起着决定性的作用。

910年,阿基坦大公威廉一世(Guillaume Ⅰ)划出一片山谷,波美的伯诺(Bernon de Baume)神父决定在这里用石头建造一座修道院,而不是用当地传统的木头建造。自从这座伟大的修道院建成以来,一代又一代的克吕尼主义者(clunisiens,指按照克吕尼修道院的理想进行改革的修士)为修道院和本笃会规的发扬光大付出了努力。他们的目标是推广真正的信仰、普及其信条。克吕尼修士不受当地领主管辖,仅服从教皇和罗马帝国。

分阶段施工 修道院在10世纪、11世纪和12世纪分为三个阶段修建。这个建筑长达187米,是当时最大的基督教建筑。

是由巴黎伯爵主导的,目的是终结加洛林王朝。这是公元1000年左右发生的重要政治事件。

法国国王于格·卡佩

迪奥凡诺摄政期间,克吕尼主义修道制度建立,随后发生了以神之名的和平休战运动,这一切背后的主要政治问题是西方法兰克政权的动荡。

洛泰尔国王于986年去世:他九年前惨败之后,在萨克森人的支持下得以继续掌权。他的儿子路易五

摧毁 原始修道院在法国大革命期间被摧毁。插图是这个伟大的建筑群的复原图。

克吕尼三期 修道院的最后修建阶段被称为克吕尼三期，其工程包括这个尖形拱肋的仓库（上图）和这处柱顶的音乐家的建筑细节（左页图）。第三期是在先前克吕尼修道院一期和二期的基础上修建的。

世继位。这个轻浮的年轻人在加冕典礼的几个月后去世了。形势变得很复杂，因为最后一位合法的加洛林后裔是巴斯洛林公爵查理（Charles），他与雄才伟略的祖先查理大帝同名，不过，查理是个软弱无能的人，贵族都不喜欢他，寻思着在自己人的行列中推举出一位新国王。他们取得了出身王室的大主教拉昂的阿代尔伯伦 (Adalbéron de Laon) 的支持，为了国家考虑，他背叛了加洛林家族。贵族们最终选择了一名在卢瓦尔河以北拥有领地的贵族，他被称为"法兰西公爵"

托尔哈尔
（第 204—205 页）

洛尔施皇家修道院是加洛林时代最壮观也最珍贵的建筑古迹之一。该教堂建于 764 年，查理大帝出席了祝圣典礼。它设有一个大型图书馆，内藏有大量的重要抄本和文献。这个修道院里埋葬着几任加洛林国王的遗体。

王国的辉煌

于格·卡佩，"法国"的第一任国王

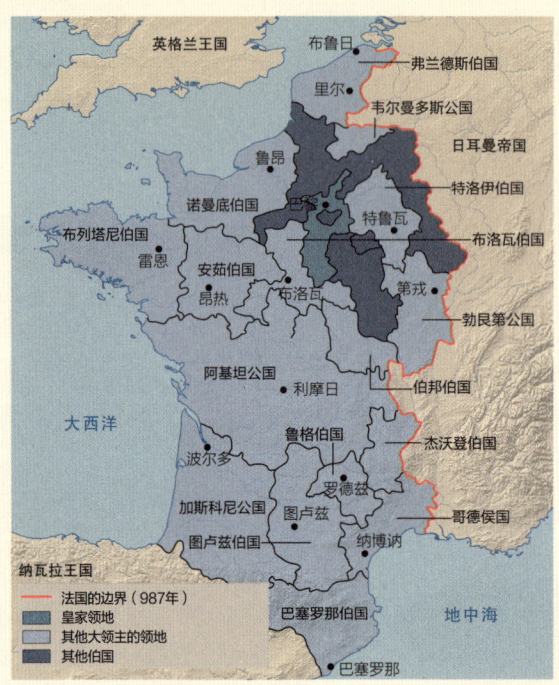

987年，被人们称为"懒惰者"的路易五世去世，法国贵族推选拥有"法兰西公爵"称号的于格·卡佩为新国王。

  于格·卡佩是将帅名门之后，他是国王猎鸟者亨利一世的外孙，他母亲是萨克森王国的海德维格（Hedwige de Saxe）。不过，他是加洛林王朝的反对派。一个名叫查理的洛林公爵是已故路易五世的叔叔，因此向于格·卡佩宣战。经过三年的血战，于格·卡佩在内战中取胜，建立了一个名为"法国"的国家，以巴黎为首都。在这个过程中，他从一开始就获得势力庞大的主教拉昂的阿代尔伯伦的支持。后者在这场战争中扮演加洛林王朝的背叛者的角色。从于格·卡佩统治初期起，民间就流传着公元千年启示录将降临的传言。卡佩有效地遏制了谣言，只剩下民间一些无伤大雅的小动作。在987年圣诞节那天，他将王位传给长子罗贝尔（未来的虔诚者罗贝尔二世），任命他为共治国王。于格·卡佩于996年去世时，罗贝尔已经掌握了从土地到王权的一切。他顺理成章地继承了王位。国王的长子成为王位的唯一继承人，这种做法从此终结了法兰克人将王国划分给所有儿子的传统。

206

（dux Francorum），名叫于格·卡佩（Hugues Capet）。于格·卡佩是塞纳河以东许多土地的领主，掌管一些大修道院，例如圣马丁或圣丹尼斯修道院。他还以巴黎伯爵的头衔统治巴黎市。他在所有没有加冕的领主中，财力最雄厚，军事力量也最强壮。

987年7月3日，于格·卡佩在诺永被推选为国王并加冕。自此，他与不肯放弃王位的查理拉开了一场持久的战争。然而，查理注定失败，当时的形势对他的竞争对手太有利了。教会本身已决定支持巴黎伯爵，公然违抗教皇当时的命令"法国的王位由矮子丕平及查理大帝的后人继承"。事实果然并非如此，最终查理被关进卡佩家族在奥尔良的城堡里。他于991年底去世，加洛林王朝就此覆灭。

贵族和主教

11世纪初的彩绘画，摘自《阿拉里克日经课》手稿，刻画了于格·卡佩时代的贵族和主教。三个阶级构成了法国政治主体，其支持者包括拉昂的阿代尔伯伦主教以及康布雷的热拉尔（Gérard de Cambrai）主教，此二人是封建制度中王权的真正倡导者（现藏巴黎国家图书馆）。

尽管于格·卡佩继承了查理大帝留下的政治遗产，甚至继承了帝国的理念（他是国王猎鸟者亨利一世的外孙），但是，他无法遏制一场自其登基就面临的严重政治危机。即使他个性坚毅果敢，凭借法兰西公爵的身份拥有庞大的势力，但他的地位仍然略低于莱茵河外的国王。人们不断提醒他，981 年奥托二世在罗马举行的会议上是如何羞辱他的：奥托二世坚持要与他用拉丁语交谈，而他非常清楚于格不会说拉丁语。于格·卡佩以加洛林末代皇帝对他说过的一句话回应奥托二世，即他是"在整个王国里，国王之下的二把手"。但无济于事。不管怎样，于格·卡佩还是可以倚仗其国王的身份扩大势力，聚财敛金。慢慢地，他创造了一种与加洛林王朝截然不同，但有着决定性意义的家族模式。

家族后代（男性后代），优于氏族。因此，于格·卡佩在世时将王位留给长子就不足为奇了。这个决定对皇太子的兄弟是不利的，但对王朝的前景是有利的。于格·卡佩开辟了子承父位的新传统。这个新的王位继承方式引发了王室与教会关于"未来的皇后与其丈夫的共同血缘程度"的漫长争论。

公元 1000 年：奥托三世和圣思维二世

迪奥凡诺扛住了各方势力企图终结帝国而施加的压力。984 年，权势强大的贵族们出兵讨伐她。但是 3 年后，她迫使所有贵族，甚至包括为首的亨利公爵（le duc Henri）为她当时还未成年的儿子奥托三世（Otton Ⅲ）侍奉用餐。她死于 991 年，没能等到继位者奥托三世成年。3 年后，奥托三世成年，收复兵权，真正戴上了王冠。

995 年，为庆祝萨克森国王的传统通过礼仪[59]——攻打斯拉夫人，奥托三世挂帅出征。他如祖父和曾祖父一般，雄心勃勃地越过易北河。这次征战强化了"种族"的概念。奥托三世得到总督迈森的埃卡德（Ekkehard de Meissen）的助力，他是萨克森王国的英雄，驰骋沙场的军事领袖，而且对年轻且富有使命感、一心想要称

---

[59] 通过仪礼（rite de passage），表示一个人从生命中的一个阶段进入另一个阶段的过程，包括了出生、成年、结婚和死亡的四个阶段。——译者注

霸世界的国王忠心耿耿。奥托三世的雄心壮志使他迫不及待想要成为皇帝。996 年春天，他抱定这个目标进军罗马。

他运气很好。当时教皇刚去世，其幕僚班子推选了教皇的"堂兄弟"布伦为新任教皇。布伦是克恩顿公爵的儿子，时年 26 岁，但知书明理，内心虔诚。他以格列高利五世（Grégoire V）之名在决定性的历史时刻登上教宗的宝座。

是布伦承诺给奥托三世皇帝加冕，但很快他们又回到疏远的关系。皇帝随后转向母亲的前顾问，时任兰斯主教的奥里亚克的葛培特，寻求与他结盟。奥顿三世请这位高级牧师担任他的导师。奥里亚克的葛培特满心欢喜，很快回应了奥托三世的请求：葛培特，一个法兰克人，即将辅佐奥托三世，一个萨克森人皇帝统治。他无时不刻不在这位年轻的皇帝耳边重复他最想听的一句话："您是罗马皇帝恺撒·奥古斯都，身上流淌着希腊人的高贵血统，您是统领意大利王国、德意志王国，以及斯拉夫蛮人之地的领主和国君。罗马帝国是我们的，是我们的！"

997 年，奥托三世人生第二次穿越阿尔卑斯山去处理罗马的一场冲突。当时一个叫作克

奥托三世

他有着"世界奇迹"（Mirabilia mundi）的称号，其导师是奥里亚克的葛培特，即未来的教皇圣思维二世（Sylvester II）。上图是 10 世纪赖兴瑙岛彩绘画上面的奥托三世（现藏慕尼黑的国家博物馆）。下图是皇帝的王冠（现藏埃森的科隆大教堂珍宝馆）。

209

希尔德斯海姆的圣米迦勒教堂

圣米迦勒大教堂是伯纳德的私人建筑。伯纳德是希尔德斯海姆主教、迪奥凡诺皇后的顾问,也是奥托三世的导师。经过精心修复,这座奥托时期的建筑的外观得以重现。透过该建筑巨大的圆形外观,可以看到宽敞明亮、格局通透的内部空间。两个相对的半圆形后殿围绕每个跨间进行了相同的装饰,其中西部后殿包括一个地下室和一个门廊。

雷森蒂乌斯(Crescentius)的人废除了教皇格列高利五世。年轻的奥托三世来到了永恒之城罗马,逮捕了篡位者并下令将他的十二个同伙斩首——事实证明他们无法捍卫圣天使城堡[60]。不过,格列高利五世承受不住这次变故的压力,不久就去世了。这是年轻的奥托三世等待了很久的机会,他直言不讳地提议奥里亚克的葛培特继任教皇。后者以圣思维二世的名号继任。神秘的奥托三世之所以下此决定,是因为主教徽章上三个具有特殊含义的字母"R":兰斯(Reims)、拉文纳(Ravenna)、罗马(Rome)。

奥托三世在罗马逗留的几个月中,全民庆祝基督

---

[60] 圣天使堡(Castel Sant'Angelo),位于意大利罗马台伯河畔,古罗马地区的最西端。——译者注

诞辰 1000 年之际，他和圣思维二世殚精竭虑，想出了许多奇特的政治方案。他们称为"罗马共和国"的"复兴"（renovatio），对一场纪念迪奥凡诺的拜占庭式典礼做调整。皇帝打算披上饰有末日图案和生肖标志的斗篷，建议将政府成员的头衔都换回罗马时代的官衔。他从前的导师，希尔德斯海姆的伯纳德主教也改名为"帝国的第一任行政长官"（primiscrinius）。他们梦想让罗马重新恢复世界首都的地位。皇帝对教皇言听计从。他有一天断言："数字可以解释宇宙的起源及其运作。"这种说法与当时人们的担忧相呼应，即数字"1000"具有不为人知的奇特含义。

很快，复兴大计就破灭了：奥托三世染上了疟疾，并在 1002 年 1 月底之前去世。他的朋友教皇圣思维二世心里很清楚，继位的皇帝不会再坚持重建世界霸权的计划，便前往拉文纳。一直反对萨克森帝国的克雷森蒂乌斯家族，对圣思维二世施加了巨大的压力，仅仅一年之后，他就死于罗马。昔日的梦想支离破碎。不过，有一个想法根植于广大民众心中，那就是奥托三世无疑是罗马的最后一位皇帝。此后，随着两个新人物的登台，一个新时代到来了。

两位国王统治之下的威塞克斯

威塞克斯在国王埃德加（Edgar，959—975 年在位）的统治下，度过了一段和平的时期，埃德加因此获得了"和平者"的称号。他英明果断，镇压了军事将领的暴乱；他心思也很缜密，将各大领主的心团结在一项共同的事业上，那就是捍卫王国，抵抗维京"雄狮"舰队（micel here）的袭击。他与儿子是阿尔弗雷德大帝的唯一后代（分别是其曾孙和曾曾孙），"和平者"埃德加不断强调这段往事，并以此赢得教会的无条件支持。他运气很好，在位期间刚好遇到了邓斯坦（Dunstan）。邓斯坦先是被任命为伍斯特第一任主教，接着又被任命为伦敦大主教，最终被任命为坎特伯雷大主教：他是盎格鲁—撒克逊教会深入改革的关键性人物，盎格鲁—撒克逊教会最后掌握了王国一半以上的土地。埃德加采纳建议，颁布了许多法令，在法律还不完善的领地推行司法程序。在他统治期间国泰民安。埃德加还任命奥斯瓦尔德（Oswald）为约克大主教，将其影响范围扩散到北部地区，也就是"丹麦区"（Daneslaw）。

奥托艺术，多种传统的融合

奥托艺术指的是10世纪至11世纪诞生在神圣罗马帝国的艺术作品。奥托艺术被认为是加洛林艺术的延续，其名称源于先后掌权的三个日耳曼皇帝。艺术兴起的时间与奥托一世取得军事胜利初期相吻合，大约在955年。奥托时期艺术融合了古代的传统艺术、加洛林艺术和拜占庭艺术的特点。萨克森、巴伐利亚和洛林等地区涌现出大量精美的彩绘手稿、大理石版画以及用宝石和浮雕玉石装饰的小型青铜雕塑，还有浮雕作品。

奥托时期的大理石版画 左图是11世纪德国科隆的大理石版画。它高12厘米多，宽9厘米，刻画了基督散发着荣耀的光辉，身边是一群福音传教士（现藏巴黎卢浮宫）。下图是9世纪的圣物箱，它是奎德林堡圣瑟法斯（Saint-Servais）教会的珍宝（现藏奎德林堡大教堂）。

洛泰尔十字架 上面镶有奥古斯都的玉石浮雕和洛泰尔的水晶石封印，由黄金和宝石制成。其历史可以追溯到公元1000年，是亚琛大教堂藏品中的珍宝。

1 **皇冠** 11世纪神圣罗马帝国的皇冠，由黄金、搪瓷、珍珠和宝石制成。

2 **圣经人物** 皇冠上的四幅版画描绘了旧约和新约中的人物。

《班贝格启示录》：彩绘画中的无价之宝

《班贝格启示录》（l'Apocalypse de Bamberg）是1000年至1020年在赖兴瑙岛的抄经室中完成的，这本手抄书多达106页，其中包含圣约翰及其福音书的启示录，属于彩绘手稿。目前这本手稿珍藏在德国班贝格的国家图书馆中。

全页彩绘图 这些图画摘自手稿第一部分，其中包含启示录或圣约翰启示录的文本，全书包含50张全页或插图形式的彩绘画。

化身 这些具象化的形象凸显故事的精神层面。书中的全页插图以及其装饰的简洁风格使故事人物活灵活现。

■ 王国的辉煌

马尔登之战，历史与文学的结合体

991 年 8 月，在泰晤士河口以北的马尔登发生了一场重要的战役，战斗中，奥拉夫·特里格瓦松（败了萨克森伯爵伯诺特（Byrhtnoth），后者于当天壮烈牺牲。

马尔登之战是阿尔弗雷德大帝死后萨克森王国的政策带来的又一个灾难性的后果。一群被流放的萨克森人对政策不满，引发了不断的争论和冲突，这给维京远征军的入侵提供了机会。其中一支由奥拉夫·特里格瓦松指挥的强大舰队沿着海岸航行到伦敦；萨克森国在这次战役中一败涂地。曾有一部悲壮凄美的叙述性史诗描写了这一场战役，但诗歌的开头和结尾都遗失了，剩下保存完好的部分在开头记叙了萨克森的战斗准备，随后对英雄伯诺特伯爵展开了细致的描写。这首诗唯一的抄本于 1731 年在科顿图书馆的一场大火中与其他重要的抄本一起被烧毁了。好在几年前有人转抄了这部诗，被托马斯·赫恩（Thomas Hearne）在 1726 年出版。

插图 摘自 11 世纪科顿图书馆的《阿尔弗里克六书》（Aelfric Hexateuch，现藏伦敦大英图书馆）。

然而，埃德加的统治并非以辉煌结束。973 年，他想效仿亲戚萨克森的奥托一世，借助阿尔弗雷德大帝的英名加冕为皇帝。他选择在巴斯举办这次盛典，这座城市既充满罗马人的回忆，也笼罩着凯尔特人的光芒。然而，这场仪式除了吸引了许多农民聚集在河边欣赏国王金碧辉煌的游船，氛围沉闷得令人难以置信。所谓"整个大不列颠"的帝国，不过是个白日梦。斯堪的纳维亚人的势力不断壮大，贵族渐渐置王室利益于不顾。

埃德加死后，贤人会议召开会议，在继位者的人选上犹豫不决。先王的确留下了两个儿子。第一位是羸弱的爱德华（Edouard）。第二位是埃塞尔雷德，也就是王国最有权势的女人埃尔夫斯里斯（Ælfthryth）的儿子，他生性苛刻，性格不坚定，刚满 7 岁。最后，爱德华被选中。埃尔夫斯里斯气急败坏。矛盾持续加剧，到了 979 年，爱德华在加冕两年之后，被残忍杀害。嫌疑自然落到了野心勃勃的埃尔

伯诺特公爵

图为撒克逊英雄伯诺特公爵的历史主义还原图。他在马尔登战役中抵抗维京人,壮烈牺牲。

夫斯里斯身上。她的儿子成了唯一的国王候选人。

就这样,埃塞尔雷德成了英格兰国王(979—1014 年在位)。臣民无情地嘲讽他,把他的名字(Æthelred,原意指"尊贵的顾问")改成"犹豫不决者"。他长大后羸弱、懒散、暴躁易怒,根本无法理解北海沿岸正在上演的一切。

奥拉夫·特里格瓦松

正是在这个时候,一个叫作奥拉夫·特里格瓦松(Olaf Tryggvason)的人物出现在了英国历史上。这位维京船长来自挪威。他声名远扬,他在 991

王国的辉煌

年组建起了一支庞大的舰队,目的是侵略肯特王国和埃塞克斯王国沿海的村庄。8月,他们在泰晤士河口以北马尔登附近安营扎寨,特里格瓦松及其英勇的战士遭到了英格兰军队的攻击。他们奋起反击。就这样,决定性的马尔登战役于8月10日在黑水(Blackwater)附近爆发。这场战役名留史册,成为撒克逊编年史和许多中世纪手稿的彩绘画经典主题,还有一首著名的史诗也记述了这场战争。维京人击败了埃塞克斯的伯爵伯诺特(Byrhtnoth)所指挥的萨克森军队,这揭开了英格兰历史的新时代。英勇的伯诺特伯爵的尸体躺在战场上。在杀戮中,他与所有的士兵一起浴血奋战,拒绝投降。萨克森王国输掉了马尔登战役后,国王埃塞尔雷德二世(Æthelred II)别无选择:他筹集了10000镑的贡税(danegeld),献给维京人以保国家太平。

994年,奥拉夫·特里格瓦松被伦敦的居民驱逐出境。他因为没有收到足额的贡税,在逃亡途中便对威塞克斯王国大肆破坏。幸运的是,他于同年改信基督教,并返回挪威,承诺不再进攻英格兰的撒克逊王国。他信守诺言,不过其他许多维京人将其诺言视为束缚。埃塞尔雷德二世得以维持统治,这离不开两位表现得尤其乐于帮助他的教会人士的坚持。其中一位是教士和大作家埃尔弗里克(Ælfric),他像新时代的阿尔琴一样,奔走在威塞克斯王国,花很多时间论述基督教社会的益处。另一位是沃夫斯坦(Wulfstan),他从前是伦敦主教(996—1002年)和伍斯特主教(1002—1016年),后来成为约克大主教。他亲自出力推动法律(lex)的颁布。很可能是他说服"犹豫不决者"埃塞尔雷德二世再婚。埃塞尔雷德的妻子举世无双。她是诺曼底公爵理查德二世(Richard II)的姐妹,名叫艾玛(Emma),是后来《艾玛皇后的钟表》(l'Éloge de la reine Emma)的主角的原型。这部重要著作讲述了这段决定性的历史时期的许多事件的细节。

埃塞尔雷德二世与诺曼底的艾玛的婚姻,成为历史意外的转折点。他们结婚不到一年的时候,为使萨克森贵族效忠他,埃塞尔雷德二世杀害了服务于其妻的维京贵族。这次屠杀引发了激烈的报复,随后,维京人在丹麦国王斯文一世(Sven Ier)的领导下发动了真正的进攻。后者于1013年征服了英格兰。斯文一世建立了英格兰的丹麦王朝。

克努特大帝的政治

埃塞尔雷德二世的笨拙无为使斯文一世有机可乘。斯文一世外号"八字胡",是蓝牙哈拉尔（Harald Blåtand）的儿子,在大陆的撒克逊人中名气很大。梅瑟堡的蒂特玛尔主教（Thietmar,又名"Dithmar"）控诉他"是破坏者,而非统治者"。这是对斯文一世的政治表现的误解。不过,斯文一世的确把掠夺和破坏视为一种统治手段。他还与奥拉夫·特里格瓦松开战,以控制挪威。1000年,斯文一世完全无视当时令每个人都忧心忡忡的"公元1000年末日论"传言,联合了斯堪的纳维亚的盟友（包括挪威人）的大批船只,组建了一支舰队,准备铲除特里格瓦松,以获得每个维京首领的必争之地：控制北部海上的航线。丹麦人在这场战斗中大获全胜,最终特里格瓦松被维京人处以特有的死刑。有传说称他头顶盾牌,从船上摔下,最后消失在水中。现在剩下威塞克斯国王埃塞尔雷德二世和当时的维京大英雄斯文相互对峙了。他们初期的军事行动的开战方式是当时的典型：毁坏修道院（包括威尔顿修道院,此处安放着许多萨克森王室成员的遗体,其中包括埃塞尔雷德二世的以美德著称的姐姐伊迪丝）,无差别破坏城镇和村庄,焚烧粮仓。放眼过去,四下都是死亡和荒凉。

但是,渐渐地,对战双方似乎在一件事上不谋而合：一个烧杀抢掠,一个则剥削身处水深火热之中的农民以筹集巨额赎金。当埃塞尔雷德二世为挑衅斯文而策反了一个名叫索尔凯尔（Thorkell）的维京首领之后,两个阵营之间的紧张气氛达到了极点。除了国王埃塞尔雷德二世,所有人都预想到了,后果非常可怕。1013年,斯文带着他所有的军队登陆约克这座尚忠于他的城市,立即收服了它。他向埃塞尔雷德二世进军,埃塞尔雷德二世与妻儿逃往岳父诺曼底公爵理查德（Richard）处避难。他保住了性命,却损害了世系的名声。而他再也没能恢复家族的荣誉。

1014年,斯文逝世后,这个事件让许多萨克森贵族蠢蠢欲动,他们将复仇的希望寄托在彻迪克家族的后裔身上。斯文一世的继位者在各方面都超过了他,也就是他的长子克努特（Knut）大帝。克努特的才能甚至超过了堪称人中龙凤的父亲和祖父。为了震慑敌方,克努特在攻打英格兰之前,将所有伤残的人质遣送回国。当时的场景非常骇人。就这样,这位北海的新领主作为维京的新传奇英雄开始了他的统治。

■ 王国的辉煌

弗尔卡特堡垒

它是丹麦最小的维京环形堡垒。它位于日德兰半岛地区，最初是用木头和草垛建成的。其围墙和环形堡垒已经得到还原，原始的街道布局也得到了恢复。围墙内有16间房屋，每四个圈在一个院子里。

在这段时期，虔诚而博学的约克大主教沃夫斯坦发表布道，称丹麦军是反基督的，并补充道："我们将面临一个充斥着疯狂的偶像崇拜的残酷世界，刀光剑影，腥风血雨，一个'狼'的时代，其结局是人类毁灭。"不过，克努特大帝（1016—1035年在位）不想扮演这样的角色：他既不是奥丁的化身，也不是反基督者的代表——即便他不信教。他也不打算将自己的统治变成"狼的时代"，不过，他坚持征税，并用维京人的方式剥削土地所有者。但这种态度只持续了一段时间，后来克努特明白了，政治比战争更有力。

改变了克努特的高人是圣贤沃夫斯坦。当时沃夫斯坦撰写了一部关于政治道德的专著，反思了那些引领民众走上正确道路的人肩负的责任。克努特听从了他的建议，终于开始明白一件当时对许多人来说显而易见的事——任何冲突都只会让教会获利。学习了沃夫斯坦主教的善政理论之后，克努特对埃德加和埃塞尔雷德二世的所有法律进行了修订。为了让民众认可他的转变，克努特娶了埃塞尔雷德二世的遗孀艾玛，通过这种方式让民众对他刮目相看，获得贵族的身份。这才是克努特最需要的东西——这远比他已经得到数不胜数的船队、金戒指或诗人的赞美诗，来得重要。

从那以后，克努特像变了一个人，他成了一个特别亲近教会的信徒，一个热爱和平的人。他批准扩建所有修道院，并新建了一些其他的修道院。他还把英格兰作为他最心仪的居住地。1027年，皇帝加冕之际，克努特在罗马经历了最为荣耀的巅峰时刻。在这次活动中，他被当时的政界名流簇拥着，俨然一位受人敬重的政治家，其他国王也对他毕恭毕敬。他在曾经的世界中心罗马证明了，在欧洲的西北端，在冰岛、挪威、丹麦和瑞典等神秘地区，有一个文明已经拥抱了基督教并融入了欧洲。世界即将发生翻天覆地的变化。因为克努特，一个旧时代完全结束，一个全新的时代开始了。

亨利二世与虔诚者罗贝尔

11世纪初，大陆上所有人都将目光投向了两个享有盛誉的人物：萨克森皇帝亨利二世和法国国王罗贝尔。当时几乎没有其他王室成员可以跟他们相提并论。这两个人物有着相同的血统，他们是表兄弟，年龄相仿，只差几个月。1000年，亨利和罗贝尔分别27岁和28岁，他们没有多少时间来实现前人称帝的梦想。这两个人很务实，把管理社会的责任交给了当时真正的主人：主教。

圣者亨利二世（1002—1024年在位）是巴伐利亚公爵，他是"争吵者"亨利二世的儿子，亨利一世的孙子，他处心积虑想要从哥哥奥托一世手里夺取王位。为此，弗朗肯尼亚、上洛林和巴伐利亚的权贵在美因茨特别召开了一次会议，圣者亨利二世被推举为国王，由威利吉斯大主教加冕，并在威利吉斯面前接受萨克森各领主的致敬。然而，亨利二世又等了将近十年，教皇才为他涂圣油。为表隆重，这次

王国的辉煌

加冕之前，人们为他献上了一个把宝石分割成四瓣的苹果形球体，上面镶嵌有一个金制的十字架，还有一些神圣的服装，其中包括一件令人惊叹不已的斗篷、一把权杖和一顶皇冠。

亨利二世娶了居内贡德（Cunégonde），他很早就被视为基督徒丈夫模范，随着时间的流逝，加上他为人称道的婚姻生活，他留给世人的这种印象越来越强烈。因此，他逝世一个世纪后被封圣，还被写入一本传记中，这点不久之后被一部关于其妻居内贡德的作品《生平》（Vita）证实。《生平》写于约1200年，重点描写了居内贡德的美德，她因此也被封圣。亨利二世一生奉行贞洁的理念，他直到去世也没有子嗣就不足为奇了。亨利二世去世后，政权回到了法兰克尼亚王室手中。他们对教皇的理念无动于衷，甚至公然反抗之。

在亨利二世和妻子居内贡德的黄金时期，克吕尼修道院的教士和主宰社会生活的主教也达到了发展的巅峰。亨利曾在希尔德斯海姆大教堂受训，并与修道院院长克吕尼的奥迪隆（Odilon de Cluny）和圣瓦纳的理查德（Richard de Saint-Vanne）私交甚好。

法国国王罗贝尔二世未如表弟亨利一样被封圣，但一些拥戴者坚持奉他为圣人。至少有些人称他为"虔诚者"（Pius），其中包括卢瓦尔河圣本笃（或弗勒里）修道院的赫尔高（Helgaud）教士，他在国王去世的几年后写了一本传记，记叙圣人的生平。

1016年，罗贝尔所到访的所有城市都流传着他的美名。他以圣人的形象出现，让穷人在自己的餐桌旁用餐，还有传言说他可以治愈麻风病。

他的王国一派歌舞升平的景象，直到后来，他陷入了一场严重的宗教意识形态冲突之中。主教们很不满，鉴于他们拥有古老的法兰克血统，甚至与加洛林国王有着血缘关系，他们更敢于发声。主教们在克吕尼的教士面前抱怨修道院长奥迪隆，指控他为"崇尚武力的领主"。主教们还借此机会抗议南方举行的和平与神之休战集会，认为这是一种危险的煽动性行为。

这场运动的主要领导人不是别人，就是拉昂的前主教阿代尔伯伦，其政治运动

促进了于格·卡佩的登基。在《献给罗贝尔国王的诗》（Carmen ad Robertum Regem）这篇颂词中，阿代尔伯伦警示了克吕尼修道院、南部议会的主教以及城市异端分子的危险性，并提倡恢复加洛林王朝的秩序——几十年前，是他本人协助埋葬了加洛林王朝。过去已经过去。这也是为什么老阿代尔伯伦会唏嘘："社会秩序已经面目全非了！"

他这些话回应了其他言论——那些谈论末日论的教士和预见家的言论，同时回应了当前瞬息万变的世界：阿代尔伯伦揭示了社会内部正在发生的运动，以及悄无声息而又势不可当的发展。这是一场革命。

虔诚者罗贝尔

在这幅《虔诚者罗贝尔被开除教籍》（L'Excommunication de Robert le Pieux）画作中，让-保罗·劳伦斯（Jean-Paul Laurens）重新以历史主义的手法，还原了于格·卡佩之子虔诚者罗贝尔于1875年在拒绝休掉其第二任妻子（勃艮第的贝莎的远房表姐）之后，被教皇格列高利五世开除教籍的场景（现藏巴黎奥赛博物馆）。

德意志皇帝和圣人亨利二世

奥托三世去世后，亨利二世被弗朗肯尼亚、上洛林和巴伐利亚大公推选为皇帝，由威利吉斯大主教加冕。

亨利二世是一个有涵养的人，精通演讲和辩论的艺术。他在统治初期对教会表现出了极大的关怀，他与居内贡德结婚后进一步加强了对教会的支持。由于二人在婚姻中的模范形象，他们被尊为教会的圣人。尤金三世（Eugene Ⅲ）在1146年将亨利封圣。大约在1200年，居内贡德的生平被写成书，据记载，她"得到了虔诚的丈夫的同意，将贞洁保留到最后，献给天上的国王"。

插图 上图是亨利二世皇帝的星空皇袍；下图是国王与妻子居内贡德在班贝格大教堂合葬墓穴的一处细节。

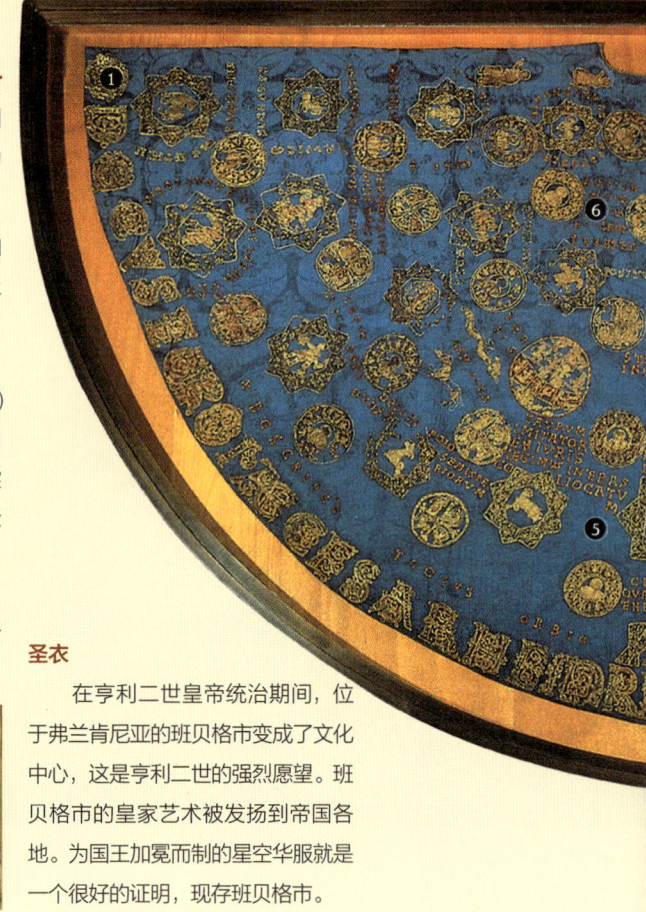

圣衣

在亨利二世皇帝统治期间，位于弗兰肯尼亚的班贝格市变成了文化中心，这是亨利二世的强烈愿望。班贝格市的皇家艺术被发扬到帝国各地。为国王加冕而制的星空华服就是一个很好的证明，现存班贝格市。

军事领主

王权衰落只是当时所谓"新现象"（novae res）的其中一个表现。这场"新现象"也被一些现代历史学家称为"封建革命"。

其最明显的表现是丧心病狂地在每一处可以利用的土地上建造防御工事，这些城堡被今天的中世纪主义者称为"内城"（incastellamento）。这种四处修建防御工事的疯狂行为，不仅仅是对维京人、马扎尔人和撒拉逊人入侵的恐惧，也揭示了不受国王统治的土地的状况。

城堡及其坚固的锯齿状防御设施显然是为安置其驻军而建造的，除了驻军之外，其他人都无法使用。初期的防御工事规模很小，发生袭击时，村民无法进入里面避难。因此，村民任凭掠夺者蹂躏。城堡最初是用木头制成的，不久改用石头建造。它们

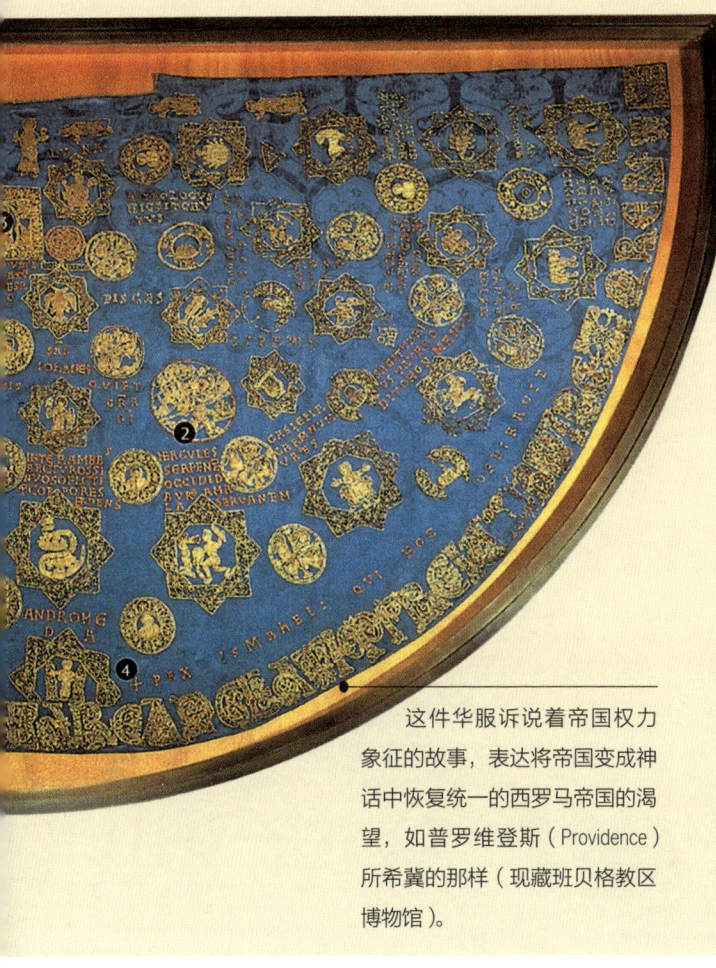

① **至高无上的君权** 袍子周边的铭文表示是国王至高无上的主权。这种象征强化了皇帝高于其他所有君主的神力。

② **军事胜利** 参考了赫丘利（Hercule）作品，象征着加洛林人和奥托军队的军事胜利，同时也象征着许多异教徒民族的基督教化。

③ **帝国的神话** 中央的人物被四位福音传教士的徽记环绕，象征着帝国的神话：渴望在分崩离析的世界中建立统一政权。

④ **星座** 它们覆盖在皇帝身上，仿佛是无边无际的苍穹，旨在强调约翰内斯·司各特·爱留根纳提出的思想，即政治生活是宇宙的反映。

⑤ **黄道十二带** 与星座相关的黄道十二带显示出君主的行为体现出的神圣和大方。

⑥ **十字架** 这是君主权力的另一个标志。

这件华服诉说着帝国权力象征的故事，表达将帝国变成神话中恢复统一的西罗马帝国的渴望，如普罗维登斯（Providence）所希冀的那样（现藏班贝格教区博物馆）。

占据在每个孤立的小丘上，其轮廓改变了当地的景观，并使几年前被认为无用的土地拥有了利用价值。这些城堡建立在前哨，成为军事占领的标志。为了有效占领土地，贵族需要依靠骑马的武装人员，这些人开始被称为"民兵"（milites），或者是"骑士"，他们令人闻风丧胆，在 11 世纪初的欧洲历史上留下了深刻印记。

这些骑士的真实身份因地区而异，但很明显其中许多人可能来自贵族的下层阶层，甚至出身农民家庭。贵族将他们召集在城堡中，提供食宿和职务。作为交换，骑士要向贵族效忠，并成为他们的附庸。他们的首要义务是协助当地的贵族在该地区巡逻，从马鞍上可以看出，武装人员比那些没有武器的人，也就是贫民，地位更优越。在巡逻中，骑士监督农民，迫使他们缴纳越来越重的税赋。通过施压的方式，贵族剥削农民的大部分收入。贵族不满足于此，他们利用骑士将村庄中的农民聚集起来，实现了所有地主的旧梦：聚集并控制劳动力。

附　录

千年的欧洲 226
时间对照表：欧洲、伊斯兰世界及其他文明 228
王朝列表 230

上一页　插图描绘了丹麦人对英格兰的进攻，摘自《圣埃德蒙的生命、受难和奇迹》手稿，完成于约1130年（现藏纽约摩根图书馆和博物馆）。

千年的欧洲

226

时间对照表：欧洲、伊斯兰世界及其他文明

欧洲

公元 476 年—公元 569 年
- 西罗马帝国终结
- 狄奥多里克大帝入侵意大利
- 克洛维受洗
- 克洛维在武耶战役中打败西哥特人
- 查士丁尼大帝即位
- 伦巴第人入侵意大利

文化事件：
- 波爱修斯去世
- 圣本笃在卡西诺山修建修道院
- 维也纳修建圣维塔教堂

公元 569 年—公元 656 年
- 西哥特人驱逐安达卢西亚拜占庭人
- 教会规定什一税
- 格列高利一世担任教皇
- 达戈贝尔特即位

文化事件：
- 圣高隆在吕克瑟伊（法国）和博比奥（意大利）修建修道院

公元656年—公元751年
- 赫斯塔尔的丕平，宫相
  - 查理·马特在普瓦捷之战中打败阿拉伯人
  - 皇帝利奥三世在阿菲永卡拉希尔打败了倭马亚王朝
  - 西班牙王国的犹太商人遭受压榨
  - 中世纪早期的最后一场大鼠疫

文化事件：
- 记载在莎草纸的墨洛温国王最新事迹
- 可敬者圣比德去世

伊斯兰世界

公元 476 年—公元 569 年
- 萨珊帝国的拜火教盛行
- 迦珊尼德人取代叙利亚附庸国的撒利哈部落
- 波斯人驱逐也门的埃塞俄比亚人
- 景教教会成立
- 最有名的萨珊国王霍斯劳一世即位

公元 569 年—公元 656 年
- 希拉克略皇帝与萨珊王朝的波斯人开战
  - 穆罕默德希吉拉事件，伊斯兰日历元年
  - 阿拉伯人征服叙利亚，巴勒斯坦，伊朗和埃及
  - 埃及第一座受阿拉伯人控制的首都福士塔特建立
  - 穆罕默德去世

文化事件：
- 可兰经问世

公元 656 年—公元 751 年
- 阿拉伯人开始占领马格里布
- 阿拉伯人占领伊比利亚半岛
- 大马士革的倭马亚王朝
- 巴格达的阿拔斯哈里哈开始统治
- 伊斯兰军开始向亚洲扩张占领布哈拉和撒马尔罕

文化事件：
- 阿拉伯最早的货币

其他文明

公元 476 年—公元 569 年
亚洲：
- 第一批佛经传入日本
- 匈奴人占领北印度
- 菩提达摩，禅宗佛教创始人来到中国
- 中国最早的词典之一问世
- 印度的数学得到飞跃性发展，阿耶波多和伐罗柯密西罗发明十进制

公元 569 年—公元 656 年
亚洲：
- 中国的南北朝结束，隋朝统一中国
- 中国修建大运河
- 佛教在日本盛行

美洲：
- 玛雅文明达到顶峰

公元 656 年—公元 751 年
亚洲：
- 唐玄宗时期：中国文学达到顶峰
- 印度伟大数学家婆罗摩笈多去世
- 佛教成为日本国教

美洲：
- 玛雅文明的科学中心科潘以及当时美洲的最大城市提卡尔发展繁荣

公元 751 年—公元 843 年
- 矮子丕平被斯德望二世加冕为法兰克人国王
- 查理大帝在隆塞斯瓦耶斯战役中失利
- 斯堪的纳维亚人初次入侵英格兰
- 查理大帝被封为皇帝
- 凡尔登条约
- 查理大帝在《大劝喻书》中首次规定了有息借款

文化事件：
- 亚琛的巴拉丁教堂建立

公元 843 年—公元 955 年
- 阿拉伯人占领巴里，抵达罗马
- 巴黎被诺曼人围攻
- 马扎尔人攻击巴伐利亚并占领潘诺尼亚平原
- 奥托一世在莱希菲尔德战役中战胜马扎尔人
- 罗洛率领诺曼人在诺曼底定居

文化事件：
- 阿基坦的威廉公爵建立克吕尼修道院

公元 955 年—公元 1020 年
- 奥托一世加冕
- 匈牙利的斯德望受洗
- 于格·卡佩成为法兰克人的国王
- 丹麦人入侵英格兰
- 威尼斯与东罗马帝国签订商业条约

文化事件：
- 阿基坦的神之和平运动
- 西罗马帝国掀起修建教堂的潮流

公元 751 年—公元 843 年
- 阿拉伯人占领巴勒摩和巴里
- 阿拔斯哈里发曼苏尔建立巴格达城
- 阿拔斯第五任哈里发哈伦·拉希德去世
- 菲斯建成

文化事件：
- 欧几里得的著作被翻译成阿拉伯语
- 阿拉伯人采用印度数字
- 花拉子米写成《代数论》

公元 843 年—公元 955 年
- 阿拉伯人入侵科西嘉岛
- 阿卜杜勒·拉赫曼三世，科尔多瓦倭马亚王朝第一位哈里发

文化事件：
- 亚里士多德的《形上学》被翻译成阿拉伯语
- 开罗的伊本·图伦清真寺建立
- 托勒密的《地理学》被翻译成阿拉伯语

公元 955 年—公元 1020 年
- 圣雅克·德孔波斯特拉被曼苏尔摧毁
- 埃及的法蒂玛王朝建立
- 法蒂玛王朝将埃及首都改名为开罗（Al-Qahira）
- 土耳其人结束伊朗的萨曼王朝
- 科尔多瓦倭马亚王朝的最后统治阶段

文化事件：
- 世界最早的大学开罗大学成立

公元 751 年—公元 843 年
亚洲：
- 中国皇帝将名为"交子"的纸币交给国家掌管
- 纸从中国流向伊斯兰世界及欧洲

公元 843 年—公元 955 年
亚洲：
- 北印度成立卡尔马特王朝
- 蒙古契丹王国的黄金时期（辽国）
- 唐朝最后一位皇帝被废除
- 中国人发明印刷术

美洲：
- 托尔特克人控制墨西哥中部的大部分地区

公元 955 年—公元 1020 年
亚洲：
- 中国宋朝开始
- 苏丹加兹纳维德王朝伽色尼的穆罕默德占领巴基斯坦和印度
- 柬埔寨的高棉帝国建立
- 东正教成为俄罗斯的正教

美洲：
- 斯堪的纳维亚维京人抵达文兰（北美）
- 第一批印加人在库斯科省定居

王朝列表

西哥特国王

阿里亚里克	257—300
奥立克	300—330
吉贝里克	330—350
阿拉维	350—376
弗里提根	376—380
阿塔纳里克	380—381
阿拉里克一世	395—410
阿陶尔夫	410—415
西吉里克	415
瓦里亚	415—418
狄奥多里克一世	418—451
多里斯莫德	451—453
狄奥多里克二世	453—466
尤里克	466—484
阿拉里克二世	484—507
介萨里克	507—511
阿马拉里克	526—531
提乌蒂斯	531—548
狄乌蒂吉斯克鲁斯	548—549
阿吉拉一世	549—551
阿塔纳吉尔德	551—567
利奥瓦斯一世	567—572
利奥维吉尔德	572—586
雷卡雷德一世	586—601
利奥瓦二世	601—603
维特里克	603—610
贡德马尔	610—612
希瑟布特	612—621
雷卡雷德二世	621
苏因提拉	621—631
奇恩蒂拉	636—639
图尔加	639—642
辛达斯文特	642—653
雷克斯文德	653—672
万巴	672—680
赫尔维希	680—687
埃吉卡	687—700
维提扎	700—710
罗德里克	710—711

东哥特国王

狄奥多里克大帝	494—526
阿塔拉里克	526—534
狄奥达哈德	534—536
维蒂吉斯	536—540
伊狄巴德/艾拉里克	540—541
托提拉	541—552
德亚	552—553

汪达尔国王

盖萨里克	428—477
胡内里克	477—484
古萨蒙德	484—496
色雷萨蒙德	496—523
希尔德里克	523—530
盖利默	530—534

法兰克首领与国王

法拉蒙德（莱茵河地区撒利克法兰克人的首领）
长毛克洛迪奥（撒利克法兰克人的王国，至447年）

墨洛温王朝的法兰克国王

梅洛维	448—457
希尔德里克一世	457—481
克洛维	481—511

奥斯特拉西亚王国

提乌德里克一世	511—534
提乌德贝尔特一世	534—548
狄伯特一世	548—555

纽斯特里亚国王统治下的奥斯特拉西亚王国

西吉贝尔特一世	561—575
希尔德贝尔特二世	575—595
提乌德贝尔特二世	595—612
狄奥多里克二世	612—613
西吉贝尔特二世	613
西吉贝尔特三世	634—656
希尔德贝尔特三世（"领养者"）	656—661
希尔德里克二世	662—675
克洛维三世	675—676
达戈贝尔特二世	676—679

230

纽斯特里亚王国与苏瓦松王国

希尔德贝尔一世	511—558
克罗多米尔	511—524
克洛泰尔一世	511—561
查理贝尔特一世	561—567
希尔佩里克一世	561—584
克洛泰尔二世	584—629

从613年起另外统治奥斯特拉西亚王国

查理贝尔特二世	629—632
阿基坦的希尔佩里克	632
达戈贝尔特一世	623—639
克洛维二世	639—655
克洛泰尔三世	655—673
提乌德里克三世	673, 675—691

自679年开始统治奥斯特拉西亚王国

奥斯特拉西亚国王统治下的纽斯特里亚王国

克洛维四世	691—695
公平者希尔德贝特	695—711
达戈贝尔特三世	711—715
希尔佩里克二世	715—720
克洛泰尔四世	717—718
提乌德里克四世	720—737
空位时代	737—743
希尔德里克三世	743—751

意大利伦巴第国王

阿尔博因	560—572
克莱夫	572—574
空位时期	574—584
奥塔里	584—590
阿吉卢尔夫	591—616
阿达洛尔德	616—626
阿里奥德	626—636
罗泰利	636—652
罗多尔德	652—653
阿里佩尔特一世	653—661
佩尔泰里特	661—671/688
格里摩尔德	662—671
库尼佩特	688—700
留佩特	700—701
雷根佩特	701
阿里佩特二世	701—712
安斯普兰德	712

留特普兰德	712—744
希尔德普兰德	744
弗留利公爵拉奇斯	744—749
艾斯杜尔夫	749—756
伦巴第的迪迪埃（德西德里乌斯）	756—774

加洛林王朝的国王

查理·马特	715—741
卡洛曼	741—747
矮子丕平	747—768
卡洛曼一世	768—771
查理大帝	768—814
虔诚者路易	814—840
洛泰尔一世	840—855
年轻者路易二世	855—875
秃头查理二世	875—877
口吃者路易二世（西法兰克国王）	877—879
日耳曼人路易二世（西法兰克国王）	843—876
路易三世（西法兰克国王）	876—882
卡洛曼二世（西法兰克国王）	879—884
肥胖者查理三世	881—887
厄德（西法兰克国王）	888—898
糊涂王查理二世（西法兰克国王）	898—922
罗贝尔一世（西法兰克国王）	922—923
勃艮第的拉乌尔（西法兰克国王）	923—936
海外路易四世（西法兰克国王）	936—954
洛泰尔二世（西法兰克国王）	954—986
路易五世（西法兰克国王）	986—987

卡佩王朝国王

于格·卡佩	987—996
虔诚者罗贝尔二世	996—1031

萨克森公国的公爵和皇帝

卡林西亚的阿努尔夫	887—899
年幼者路易四世	899—911
年轻者康拉德一世	911—918
猎鸟者亨利一世	919—936
奥托一世	936—973
奥托二世	961—983
奥托三世	983—1002
圣者亨利二世	1002—1024

231

图书在版编目(CIP)数据

中世纪欧洲 / 美国国家地理学会编著;黄莉荞译. -- 北京:现代出版社,2021.4
(美国国家地理全球史)
ISBN 978-7-5143-8421-5

Ⅰ.①中… Ⅱ.①美…②黄… Ⅲ.①欧洲-中世纪史 Ⅳ.①K503

中国版本图书馆CIP数据核字(2020)第260992号

版权登记号:01-2020-2643

© RBA Coleccionables, S. A. 2013

© Of this edition: Modern Press Co., Ltd.2021
NATIONAL GEOGRAPHIC及黄框标识,是美国国家地理学会官方商标,未经授权不得使用。
由北京久久梦城文化发展有限公司代理引进

中世纪欧洲(美国国家地理全球史)

编 著 者:美国国家地理学会
译   者:黄莉荞
策划编辑:吴良柱
责任编辑:张 霆 姚冬霞
内文排版:北京锦创佳业文化传播有限公司
出版发行:现代出版社
通信地址:北京市安定门外安华里504号
邮政编码:100011
电   话:010-64267325 64245264(兼传真)
网   址:www.1980xd.com
电子邮箱:xiandai@vip.sina.com
印   刷:固安兰星球彩色印刷有限公司
开   本:710mm*1000mm 1/16
印   张:14.75   字   数:226千
版   次:2021年4月第1版 印   次:2023年10月第2次印刷
书   号:ISBN 978-7-5143-8421-5
定   价:76.00元

版权所有,翻印必究;未经许可,不得转载